...aber **Süß** muss es sein

Wir danken allen, die mit viel Einsatz und Engagement zur Entstehung dieses Buches beigetragen haben:

Hartmut Kiesewetter, Kathrin Kiesewetter, Caroline Kiesewetter, Ralf Stech, Frauke und Friedel Köster, Carmen Glaß, Frauke Jürgensen, Anja Koitzsch, Babette Mücke, Martina Hensel, Nicole Lüdecke, Kerstin Tschekan, Sonja Karberg, Astrid Karberg, Barbara Banaschewski, Thea Bridget, Birgit Matthiessen, Inken Marcussen, Zoë Mainzer, Rahel Thiessen, Mailen Klos, Elke Kramer, Hanna Diekert, Anna Buß, Georg Mentz, Tjaark Krätzer, Judith Callsen, Fabian Lorenzen jr., Elke Lorenzen, Melanie Harrsen, Annelie Oltmann, Maren Dose, Doris Burghardt, Ingo Kruse, Sonja Pimentel, Antonio Decataldo, Hanne Frahm, Eike und Wolfgang Höppner-Rohder, Carla Höppner-Rohder, Annette Packleppa, Marina Schuldt, Carsten und Luzy Carstensen, Jürgen Dau, Angelika Rohde, Marlies Golly, Antje Eichler, Anna-Kathrin Schulke-Klenk, Christian Klenk.

Ganz besonderen Dank an Elisabeth Becker vom Törperhof-Café in Ottenbüttel, in deren Räumen wir Kathrins Cover-Torte fotografieren durften.

**BOYENS**
BUCHVERLAG

ISBN 978-3-8042-1409-5

2. Auflage 2018

© 2015 by Boyens Buchverlag GmbH & Co. KG, Heide
Autorin: Marion Kiesewetter
Redaktion: Marion Kiesewetter
Fotos: Ursula Sonnenberg, Hans Dieter Kellner
Covertorte: Kathrin Kiesewetter
Promotion: Hartmut Kiesewetter
Herstellung: Boyens Buchverlag
Herstellungsbetreuung: Heidrun Bielert
Gestaltung und Layout: Dörte Kromrei
Druck und Bindung: Neografia
Printed in EU

Marion Kiesewetter

# ... aber Süß muss es sein

## Verführerische Rezepte aus norddeutschen Cafés

Fotos von Ursula Sonnenberg
und Hans Dieter Kellner

**BOYENS**

# LAGE DER CAFÉS

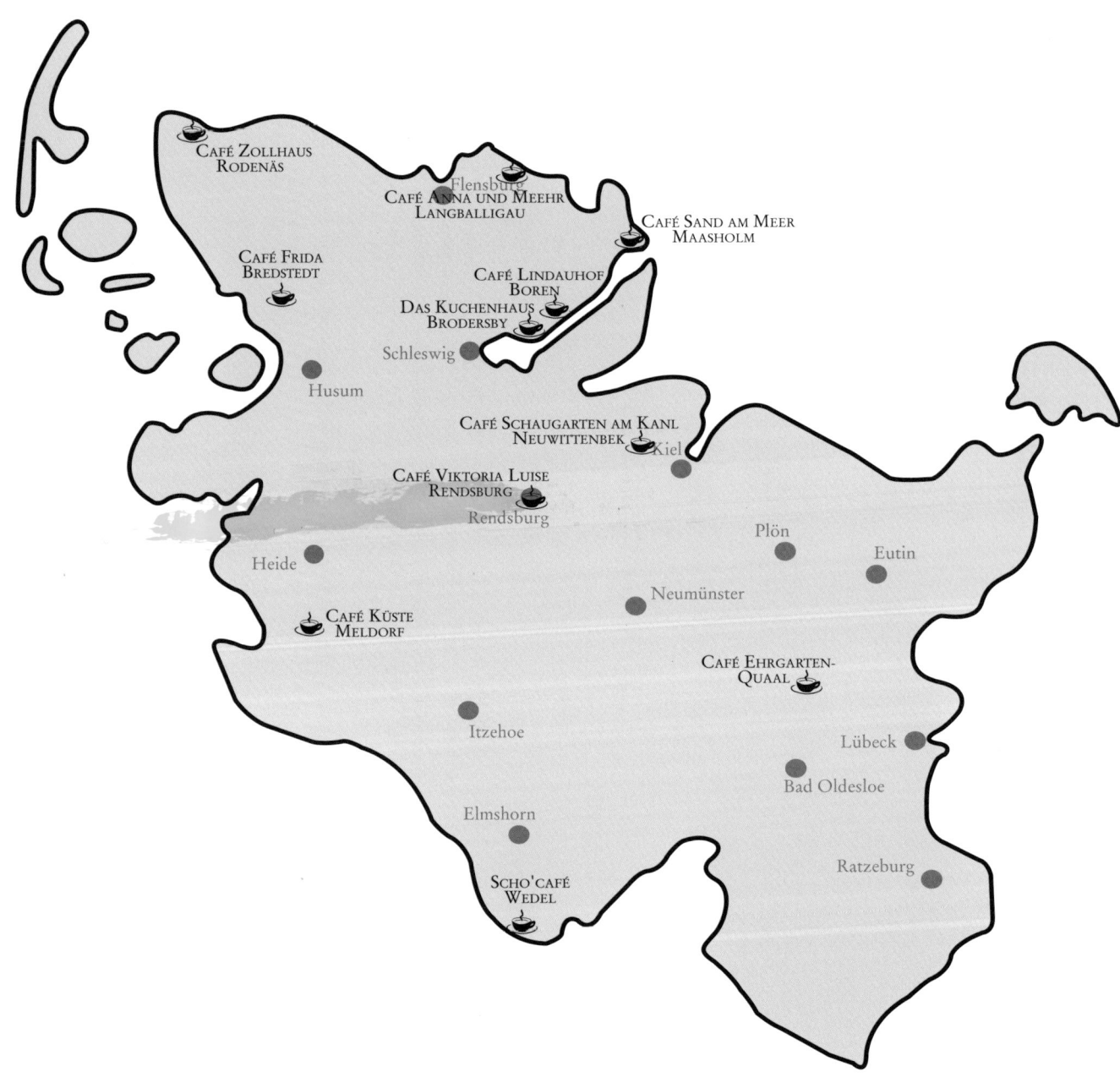

CAFÉ ZOLLHAUS
RODENÄS

Flensburg
CAFÉ ANNA UND MEEHR
LANGBALLIGAU

CAFÉ SAND AM MEER
MAASHOLM

CAFÉ FRIDA
BREDSTEDT

CAFÉ LINDAUHOF
BOREN

DAS KUCHENHAUS
BRODERSBY

Schleswig

Husum

CAFÉ SCHAUGARTEN AM KANL
NEUWITTENBEK
Kiel

CAFÉ VIKTORIA LUISE
RENDSBURG

Rendsburg

Plön
Eutin

Heide

Neumünster

CAFÉ KÜSTE
MELDORF

CAFÉ EHRGARTEN-
QUAAL

Itzehoe

Lübeck

Bad Oldesloe

Elmshorn

Ratzeburg

SCHO'CAFÉ
WEDEL

# INHALT

## Liebe Leserinnen, liebe Leser,

unsere Erfolgsserie der schleswig-holsteinischen Café-Bücher setzt sich hier mit der Folge 7 „… aber süß muss es sein" fort.

Welch ein Erfolg durch Sie, meine lieben Leserinnen und Leser, die, wie wir hörten, die Bücher nicht nur als lukullische Backanleitung, sondern auch als Reiseführer für wunderschöne Touren durch unser romantisches Schleswig-Holstein nutzen.

Die wunderbaren Fotografen Ursula Sonnenberg und Hans Dieter Kellner haben mich künstlerisch einfühlsam und anspruchsvoll mit ihren traumhaften Fotos unterstützt.

Ich bin sicher, dass für jeden wieder das Passende für Gaumen und Seele dabei ist.


Ihre
Marion Kiesewetter

*Café Lindauhof*

# CAFÉ LINDAUHOF

Wer kennt nicht die Fernsehserie „Der Landarzt"? Die sehr beliebte Serie wurde in der Nähe von Kappeln in der lieblichen Landschaft Angeln gedreht. Das Anwesen in Lindau wurde im Mittelalter als eine Art Ritterburg erbaut und ist seit 1833 im Besitz der Familie Karberg. Mutter Astrid Karberg bewirtschaftet heute den Hof, und Tochter Sonja, gelernte Reiseverkehrsfrau, hat Tourismusmanagement studiert und führt heute das Café Lindauhof. Diesen Beruf hat sie erlernt durch „Learning by doing", denn in ihrer Schul- und Studentenzeit hat die sehr hübsche junge Frau oft in Cafés ausgeholfen.

In der TV-Serie hieß der Ort Deekelsen und war für die meisten Fernsehzuschauer ein bekannter Ort, ja, Sehnsuchtsort. „Täglich kamen hier Touristenbusse an. Die Leute wollten alles bestaunen, und als dann einige sogar bis zum Schlafstubenfenster des Großvaters vorgedrungen waren, musste ein Schutzzaun gezogen werden", erzählt die sympathische Sonja. „Als die Serie dann abgesetzt wurde, waren wir zuerst wie vor den Kopf geschlagen, aber schnell entstand die Idee, hier ein Café zu kreieren. Am 17. Mai 2013 konnten wir das Café Lindauhof eröffnen. Das ehemalige Praxiszimmer des Landarztes wurde zum separaten Raum für Feierlichkeiten. Es wird aber auch als Café genutzt. Hier kann man abgeschieden Geburtstage, Konfirmationen und vieles mehr zelebrieren. Der ehemalige Rittersaal – in der Serie der Empfang und das Wartezimmer – ist heute der große Gastraum des Cafés mit 50 Sitzplätzen, in dem man auch feiern kann. Bei schönem Wetter kommen auf der Terrasse draußen 45 Außenplätze hinzu."

*Ehemaliger Rittersaal: In der Fernsehserie „Der Landarzt" war hier der Empfang und das Wartezimmer. Ein paar Stufen hoch ging man in das Praxiszimmer, das heute ein gemütlicher Gastraum ist.*

*Das ehemalige Praxiszimmer des Landarztes wurde zum separaten Raum für Feierlichkeiten. Es wird aber auch als Café genutzt.*

„Wir backen natürlich alles selbst und haben ein reiches Angebot an Torten und Kuchen. Davon sechs Standardtorten, die es jeden Tag geben muss – natürlich saisonbedingt abgewandelt. Das absolute Highlight ist die Marzipan-Nuss-Torte. Für Gäste, die nicht so sehr für Süßes sind, bieten wir auch kleine Snacks an wie belegte Brote, verschiedene leckere Suppen und Fischbrötchen. Statt ‚Der Nächste bitte' heißt es nun ‚Die Karte bitte'", schmunzelt Sonja Karberg.

Weil sich das Café Lindauhof in einer ausgesprochenen Ausflugsgegend befindet, reisen viele Touristen – z.B. Radfahrer – zu der ehemaligen Ritterburg an, und dass sie einen gesunden Appetit mitbringen, ist nachvollziehbar. „Wir veranstalten auch interessante kulturelle Events, Modenschauen und natürlich einen zauberhaften Weihnachtsmarkt."

Angeln ist eine der schönsten Landschaften Schleswig-Holsteins, geprägt durch die vielen Felder und Hügel, und durch die TV-Serie „Der Landarzt" wurde sie den Fernsehzuschauern besonders nahe gebracht. Eine Besonderheit

muss noch erwähnt werden: Das ehemalige Behandlungszimmer ist heute eine Zweigstelle des Standesamtes Süderbrarup, und man kann sich hier jeden Freitag und jeden dritten Samstag im Monat das Jawort geben, also trauen lassen. Hinterher kann die Hochzeitsgesellschaft gemütlich bei Kaffee und Kuchen zusammensitzen oder sich auch eine ausgiebige Hochzeitsfeier ausrichten lassen.

Das außergewöhnliche, beliebte und gemütliche Café ist täglich von montags bis freitags von 11:00–19:00 Uhr und an Wochenenden und Feiertagen von 9:00–19:00 Uhr geöffnet. Im November, Dezember und Februar findet der Betrieb nur an Wochenenden statt. Im Januar ist geschlossen.

„Wir sind also 7 Tage die Woche für unsere Gäste da", sagt Sonja Karberg, „und das ist nur machbar, weil meine Mutter Astrid und ich und natürlich meine lieben Mädels und Jungs so ein fantastisches Team sind."

*Hier war „Der Landarzt" einmal zuhause.*

Das einstige
Behandlungs-
zimmer ist heute
Trauzimmer und
Kaffeestube. Hier
kann man die
köstlichsten
Kuchen und
Torten wie die
Johannisbeer-
Torte, Zitronen-
Quark-Joghurt-
Torte oder die
Rhabarber-
Joghurt-Schnitte
genießen.

# Zitronen-Quark-Joghurt-Torte

### BISKUIT:
6 Eier
210 g Zucker
5 EL Wasser
190 g Mehl
60 g Speisestärke
1 TL Backpulver

Eier, Zucker und Wasser ca. 10 Minuten schaumig schlagen. Mehl, Stärke und Backpulver vermischen, darübersieben und langsam unter die Ei-Masse heben. Teig in eine mit Backpapier ausgelegte 26-cm-Springform füllen und im vorgeheizten Backofen bei 155 °C ca. 40 Minuten backen. Anschließend gut auskühlen lassen.
Boden auf eine Tortenplatte setzen und zweimal waagerecht durchschneiden. Den unteren Boden mit einem Tortenring umlegen.

### FÜLLUNG:
500 g Magerquark
300 g Joghurt
50 ml Zitronensaft
100 g Zucker
5 TL Vanillezucker
2 Beutel Agar Agar
150 ml Schlagsahne
2 EL Sahnesteif
Abrieb von 1 Zitrone, unbehandelt

helle Konfitüre zum Bestreichen
etwas geschlagene Sahne (zum Garnieren)

Quark, Joghurt, Zitronensaft, Zucker und 3 TL Vanillezucker zu einer glatten Masse verrühren. Davon 200 g abnehmen, in einen Kochtopf geben, Agar-Agar einrühren und zwei Minuten köcheln lassen. Danach ca. 5 Minuten abkühlen lassen und anschließend in die restliche Quarkmasse einrühren.
Sahne mit Sahnesteif und 2 TL Vanillezucker steif schlagen und bis auf ein paar Löffel für die Garnitur, unter die Quark-Joghurt-Creme heben. Zitronenschale unterrühren.
Den unteren Boden mit Konfitüre bestreichen und ein Drittel der Quark-Joghurt-Creme darauf verteilen. Den zweiten Boden auflegen, mit hellem Saft tränken und ein weiteres Drittel Creme darauf verstreichen. Den dritten Boden auflegen und die restliche Creme verteilen. Mit Sahne ausgarnieren und mit Zitronenscheibenhälften dekorieren.

# Rhabarber-Joghurtschnitte

## TEIG:
2 Eier, getrennt
2 EL Wasser
50 g Zucker
1 Pck. Vanillezucker
1 Prise Salz
50 g Mehl
15 g Speisestärke
1 gestr. TL Backpulver

Rhabarber putzen, in Stücke schneiden, mit Kirschsaft und 100 g Zucker aufkochen, 5 Minuten köcheln lassen bis ein Großteil des Rhabarbers fast verkocht ist. Grützepulver mit 8 EL Kirschsaft glatt rühren, zum Rhabarber geben und aufkochen. In einer Schüssel abkühlen lassen. Gelatine in kaltem Wasser einweichen. Joghurt mit 70 g Zucker verrühren. Gelatine ausdrücken, bei milder Hitze auflösen, auf Handwärme abkühlen lassen. Danach mit 2–3 EL Joghurt verrühren, unter den Rest des Joghurts rühren und kalt stellen.

Eiweiß mit 2 EL Wasser steif schlagen, dabei Zucker, Vanillezucker und Salz einrieseln lassen. Eigelb unterrühren. Mehl, Stärke und Backpulver vermischen, auf die Ei-Masse sieben und mit dem Schneebesen vorsichtig unterheben. Backblech mittels mehrfach gefalteter Alufolie auf ca. 30x15 cm verkleinern und das Backpapier passend darauf legen. Teig einfüllen, glatt streichen und im vorgeheizten Backofen bei 200 °C auf mittlerer Schiene ca. 8–10 Minuten backen. Danach auskühlen lassen.

## BELAG:
500 g Rhabarber
1 Pck. Rote Grütze-Pulver, Himbeergeschmack
150 ml Kirschsaft
10 Blatt Gelatine
750 g Vollmilchjoghurt
170 g Zucker
250 ml Schlagsahne
Pistazien, gehackt

Den Boden mit einem Backrahmen oder mehrfach gefalteter Alufolie umstellen. Joghurt-Creme und Rhabarbergrütze schichtweise auf dem Biskuit verteilen, sodass vier Ebenen entstehen. Mit der Grütze abschließen. Kuchen 3–4 Stunden kalt stellen. Anschließend in Portionsstücke schneiden und mit Pistazien bestreuen.

# Johannisbeer-Torte

## DUNKLER BISKUIT:
6 Eier
210 g Zucker
5 EL Wasser
190 g Mehl
80 g Speisestärke
1 TL Backpulver
40 g Kakaopulver

Eier, Zucker und Wasser ca. 10 Minuten schaumig schlagen. Mehl, Stärke, Backpulver und Kakao vermischen, darübersieben und langsam unter die Ei-Masse heben. Teig in eine mit Backpapier ausgelegte 26-cm-Springform füllen und im vorgeheizten Backofen bei 155 °C ca. 40 Minuten backen. Anschließend gut auskühlen lassen. Boden auf eine Tortenplatte setzen und zweimal waagerecht durchschneiden. Den unteren Boden mit einem Tortenring umlegen.

## TRÄNKE:
4 cl Johannisbeerlikör
4 cl Läuterzucker

Likör und Läuterzucker verrühren.

## CREME:
300 g Johannisbeeren
200 g Sauerrahm oder Joghurt
150 g Frischkäse
150 g Zucker
8 Blatt Gelatine
125 ml Schlagsahne, geschlagen
100 g Johannisbeeren

300 g Johannisbeeren abbrausen und gut abtropfen lassen. Anschließend pürieren und durch ein Sieb streichen. Sauerrahm mit Frischkäse und Zucker gut verrühren und das Johannisbeermus unterheben. Gelatine in kaltem Wasser einweichen, ausdrücken, bei schwacher Hitze auflösen und rasch unterrühren. Sahne unterheben.
Den unteren Boden mit etwas Likör und Läuterzucker beträufeln und ein Drittel der Creme darauf verteilen. Mit dem zweiten Boden belegen und ebenso verfahren. 100 g Johannisbeeren auf der zweiten Creme verteilen. Mit dem dritten Boden belegen und mit dem letzten Drittel der Creme bestreichen. Torte im Kühlschrank fest werden lassen. Danach aus dem Ring lösen.

## GARNITUR:
500 ml Schlagsahne
50 g Zucker
100 g Johannisbeeren
Pfefferminzblättchen

Sahne mit dem Zucker steif schlagen. Tortenoberfläche mit einem Drittel der Sahne einstreichen und den Rest in einen Spritzbeutel mit Lochtülle füllen. Auf die Torte ein Karomuster spritzen. Oberfläche und Rand nach Belieben mit Johannisbeeren, Pfefferminzblättchen u. a. dekorieren.

# Kürbis-Mohn-Torte

### BELAG:
200 ml Schlagsahne
1 TL Honig
180 g Vollmilch-Schokolade

Am Vortag Sahne und Honig aufkochen und die Schokolade darin schmelzen. Am besten über Nacht kalt stellen. Die Masse am nächsten Tag zu einer Creme aufschlagen.

### TEIG:
6 Eier, getrennt
180 g Zucker
1 TL Zimt
1 Prise Salz
180 g Mehl
1 TL Backpulver
200 g gemahlener Mohn
300 g geriebenes Kürbisfleisch
5 EL Pfirsichmarmelade
Kürbiszesten

Eigelb mit 100 g Zucker, Zimt und Salz schaumig rühren. Mehl, Backpulver, Mohn und Kürbisfleisch vermischen. Eiweiß mit restlichem Zucker steif schlagen und abwechselnd mit der Eigelb- und Mohn-Masse vermischen. Teig in eine mit Backpapier ausgelegte 26-cm-Springform füllen und im vorgeheizten Backofen bei 180 °C ca. 60 Minuten backen. Danach auskühlen lassen. Boden auf eine Tortenplatte setzen und die Oberfläche mit angewärmter Pfirsichmarmelade bestreichen. Anschließend die Sahne-Honig-Schokocreme darauf verstreichen und mit Kürbiszesten bestreuen.

Kirschen mit Saft und dem Tortenguss zu einer Grütze aufkochen
und abkühlen lassen.

1 l Schlagsahne
2 EL Sahnesteif
2 TL Vanillezucker
40 ml Eierlikör
Kirschsaft zum Tränken
Amarena-Kirschen für die
Garnitur

# Eierlikör-Torte

## DUNKLER BISKUIT:

6 Eier
210 g Zucker
5 EL Wasser
190 g Mehl
80 g Speisestärke
1 TL Backpulver
40 g Kakaopulver

Eier, Zucker und Wasser ca. 10 Minuten schaumig schlagen. Mehl, Stärke, Backpulver und
Kakao vermischen, darübersieben und langsam
unter die Ei-Masse heben. Teig in eine mit
Backpapier ausgelegte 26-cm-Springform füllen
und im vorgeheizten Backofen bei 155 °C ca. 40
Minuten backen. Anschließend gut auskühlen
lassen. Boden auf eine Tortenplatte setzen und
zweimal waagerecht durchschneiden. Den
unteren Boden mit einem Tortenring umlegen.

## FÜLLUNG:

1 Glas Sauerkirschen (370 g Abtropfgewicht)
2 Pck. Tortenguss, rot

Sahne mit Sahnesteif und Vanillezucker steif schlagen. Eierlikör unter die Sahne heben.

Den unteren Boden mit der Kirschgrütze bis zum Rand bestreichen. Den zweiten Boden auflegen, mit Kirschsaft tränken und einen Teil der Eierlikör-Sahne darauf verteilen. Mit dem dritten Boden belegen, restliche Sahne darauf verteilen und glatt streichen. Torte in 12 Stücke einteilen, 12 Sahnetupfen an den äußeren Rand setzen und jeweils eine Amarena-Kirsche darauf setzen.

## SPINNENNETZ:

3 EL Eierlikör in der Mitte der Torte zu einem Kreis verstreichen. Etwas Kakao mit Eierlikör sämig rühren, in einen Gefrierbeutel füllen und am unteren Ende ein kleines Loch stechen. Spiralförmig auf den Eierlikör spritzen. Mit einem Holzstäbchen sternförmig achtmal Striche von innen nach außen und sechsmal von außen nach innen ziehen.

# Ananas-Kokos-Torte

## BISKUIT:
3 Eier
105 g Zucker
½ Pck. Vanillezucker
3 EL Wasser
100 g Mehl
30 g Speisestärke
½ TL Backpulver

Eier, Zucker, Vanillezucker und Wasser 15-20 Minuten schaumig schlagen. Mehl, Stärke und Backpulver vermischen, darübersieben und unterrühren. Teig in eine mit Backpapier ausgelegte 26-cm-Springform füllen und im vorgeheizten Backofen bei 165 °C ca. 25 Minuten backen. Anschließend gut auskühlen lassen. Boden einmal waagerecht durchschneiden. Der obere Boden sollte dünner als der untere Boden sein.

## FÜLLUNG:
8 Blatt Gelatine
1 Dose Ananas in Scheiben
(446 g Abtropfgewicht)
500 g Naturjoghurt
500 ml Schlagsahne, geschlagen
Kokossirup nach Geschmack

Gelatine in kaltem Wasser einweichen. Ananas abtropfen lassen (Saft auffangen) und bis auf zwei Scheiben in Stücke schneiden. Gelatine ausdrücken, auflösen und 200 ml Ananassaft hinzugeben. Saft anschließend unter den Joghurt rühren und kalt stellen bis die Masse anfängt zu gelieren. 250 g Sahne und Ananasstücke unterheben.

Den oberen, dünneren Boden in eine Schüssel mit gleichem Durchmesser legen und etwas hineindrücken. Ananascreme einfüllen und mit dem zweiten Boden belegen. 3-4 Stunden, am besten über Nacht kalt stellen. Torte auf eine Tortenplatte stürzen. Mit der restlichen Sahne einkleiden.

## DEKORATION:
Kokosraspel
Kokoschips
Ananasstücke
Cocktailkirschen

Torte mit Kokosraspel, Kokoschips, Ananasstücken und Cocktailkirschen verzieren.

# Marzipan-Nuss-Torte

### BISKUIT:
6 Eier
210 g Zucker
5 EL Wasser
190 g Mehl
60 g Speisestärke
1 TL Backpulver

Eier, Zucker und Wasser ca. 10 Minuten schaumig schlagen. Mehl, Stärke und Backpulver vermischen, darübersieben und langsam unter die Ei-Masse heben. Teig in eine mit Backpapier ausgelegte 26-cm-Springform füllen und im vorgeheizten Backofen bei 155 °C ca. 40 Minuten backen. Anschließend gut auskühlen lassen. Boden auf eine Tortenplatte setzen und zweimal waagerecht durchschneiden. Den unteren Boden mit einem Tortenring umlegen.

### FÜLLUNG:
1,5 l Schlagsahne
2 EL Sahnesteif

2 TL Vanillezucker
80 g Krokant
30 g gem. Haselnüsse

dunkle Konfitüre zum Bestreichen
heller Obstsaft zum Tränken (Apfel)

1 Marzipandeckel (300 g)

Sahne mit Sahnesteif und Vanillezucker steif schlagen. Krokant und Haselnüsse unterheben. Den unteren Boden mit Konfitüre bestreichen und einen Teil der Sahne-Krokant-Masse darauf verteilen. Den zweiten Boden auflegen, mit hellem Saft tränken und weitere Sahne-Krokant-Masse darauf verstreichen. Den dritten Boden auflegen, mit Saft tränken. Obere Fläche und Rand mit der restlichen Sahne-Krokant-Masse einstreichen. Marzipandeckel auf 26 cm ausrollen. Torte in 12 Stücke einteilen. Marzipandeckel auflegen, in 12 gleich große Stücke schneiden und die vorderen Spitzen nach hinten auf die eingeteilten Tortenstücke rollen. Die Mitte mit Krokant ausstreuen. Mit 12 Sahnetupfen ausgarnieren und auf jeden Tupfer eine Haselnuss setzen.

*Café Schaugarten am Kanal*

Mein Herzenswunsch ist es ja immer, Cafés in Schleswig-Holstein zu finden, die absolute Geheimtipps sind. Das Café Schaugarten am Kanal in Neuwittenbek ist aber kaum zu toppen – ein Traumcafé für Individualisten. Einzigartig ist schon, dass man es mit dem Auto nicht erreicht. Man parkt in Neuwittenbek. Der Fußweg zum Garten beginnt zwischen Hauptstraße 49 und 51. Von dort ist der Wanderweg zum Café ausgeschildert. Man geht ca. 30 Minuten durch Felder und Wiesen und dann auf dem „Jakobsweg" direkt am Nord-Ostsee-Kanal entlang bis zur Ausschilderung „Schaugarten". Schon dieser Spaziergang ist Labsal für die Seele. (Radfahrern ist es möglich, ganz nah an den Garten zu fahren.) Am Ziel treffen wir die Besitzerin Doris Burghardt; ihr Café liegt im Kreis Rendsburg-Eckernförde direkt am Nord-Ost-see-Kanal bei Kanal-Kilometer 89, zwölf Kilometer von Kiel entfernt.

„Ich komme ursprünglich aus Thüringen. Als ich hierher nach Schleswig-Holstein kam, habe ich mich etwas umgesehen und bin dann 2002 zur Gärtnerei gekommen. Seit meiner Ausbildung im Botanischen Garten in Kiel bin ich Gärtnerin mit Leib und Seele. Mein Mann Ingo Kruse ist Ingenieur für Nachrichtentechnik und arbeitet bei der Wasser- und Schiffahrtsverwaltung. Er lebte schon länger hier im historischen Kanalhaus, und ich bin später dazu gekommen. Gemeinsam legten wir den Garten an und konnten hier unseren Traum verwirklichen. Ingo ist für die künstlerische Gestaltung verantwortlich, und ich mache den gärtnerischen Part. Der Garten hat eine Größe von 5000 m², direkt am Kanal entlang. Im Jahr 2004 haben wir beim „Offenen Garten" mitge-

*Gleich am Eingang des Gartens begrüßt uns dieses zauberhafte Gartenhäuschen, das inzwischen das Markenzeichen der wunderschönen Anlage am Kanal ist.*

macht. Über diese Aktion ist es dazu gekommen, dass wir auch an anderen Tagen geöffnet haben. Aus dem, was als Hobby anfing, wurde ein wun-

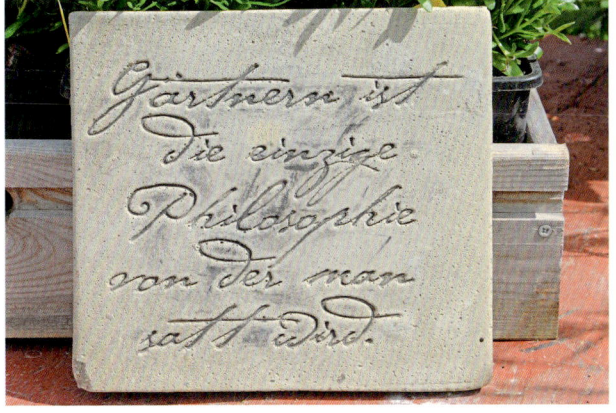

derschöner Mustergarten für Besucher und Gäste. Jetzt haben wir jeden Sonntag und Feiertag geöffnet, vom 1. Mai bis 3. Oktober. Das Café hat sich „schleichend" entwickelt. Es kamen Besucher, die sich den Schaugarten ansehen wollten und immer öfter sagten: „Jetzt noch eine Tasse Kaffee, das wäre ein Traum." Das Besondere an dieser Gesamtanlage sind die vielen verschiedenen Ecken, in die man sich als Cafégast zurückziehen und genießen kann. Unsere Sitzecken haben alle ganz spezielle Namen: Wenn man in den Garten hinein kommt, gibt es gleich den *Grünen Tisch*, ein sehr großer alter Holztisch, in dessen Mitte ein Kräuterbeet eingelassen ist. Er eignet sich sehr gut für kleinere Gruppen. Dann gibt es die *Liebeslaube* für Menschen, die es kuschelig miteinander haben wollen. Wir haben einen kleinen Platz, wo sich Radfahrgruppen treffen können, und ein *Asiatisches Teehaus* mit meditativer Musik. Dort fand auch schon eine Teezeremonie statt. Die Kuchen, Torten und Snacks sind hausgemacht. Man kann sagen, dass ich eine Rezepterfinderin bin. Ich denke mir immer wieder neue Kreationen aus. Unser Highlight ist die Reistorte – eine Milchreistorte mit Sahne und Kirschen, Zimt und Zucker, wie man Milchreis aus seiner Kindheit in Erinnerung hat. Bekannt bin ich auch als Kräuterspezialistin. Ich versuche

immer wieder, Kräuter in meine Tortenkreationen einzubeziehen. Es gibt zum Beispiel Torten mit einem süßen Basilikum-Pesto. In letzter Zeit verwenden wir auch essbare Blüten, natürlich aus dem eigenen Garten. Ich setze Liköre oder Blütensirup an, die ich dann in den Torten verarbeite. Ich versuche alles, was der Garten hergibt in meinen Torten unterzubringen. Für Gäste, die lieber etwas Würziges möchten, bieten wir als kleinen Imbiss unsere Kanal-Vital-Schnitten und Tartes mit Schinken und Lauch oder Spargel mit Feta an. Seit zwei Jahren gibt es immer Freitagnachmittag Kräuterseminare für alle, die es genauer wissen wollen. Wenn die Saison vorbei ist und es im Garten ruhiger wird, gebe ich Back- und Kochkurse in unserer schönen, geräumigen Landhausküche. Die Rezepte sind so angelegt, dass jeder, auch ohne Kochvorkenntnisse, etwas schaffen kann. Wer uns außerhalb der Zeiten besuchen will, zum Beispiel mit einer Gruppe, kann sich vorher anmelden. Im ganzen Garten haben wir insgesamt 80 Sitzplätze. Unser Garten ist immer weiter gewachsen und wird auch immer noch wachsen. Wir sind beide sehr kreativ und ergänzen uns toll. Der Schaugarten ist etwas für Individualisten und wer unsere wunderschöne 120m² große Ferienwohnung mietet, kann hier in der Woche ganz einsam genießen und zuschauen, wie die Schiffe sozusagen an seiner Bettkante vorbeifahren."

Der Schaugarten ist einfach *die* Schau!

*Heidelbeer-Anis-Torte.*

# Heidelbeer-Anis-Torte

### KROKANT:

25 g Mandeln, gehackt
1 TL Anissaat
25 g Zucker
2 TL Wasser

Gehackte Mandeln ohne Fett in einer Pfanne anrösten. Anissaat, Zucker und Wasser dazugeben, karamellisieren lassen, auf ein Backpapier geben und auskühlen lassen. Anschließend grob mahlen.

### MÜRBETEIG:

150 g Mehl
75 g Zucker
75 g Butter
gemahlener Krokant

Mehl, Zucker, Butter und gemahlenen Krokant mischen und daraus einen Mürbeteig herstellen. Teig in eine gefettete 26-cm-Springform geben und im vorgeheizten Backofen bei 200 °C ca. 12–14 Minuten backen. Anschließend auskühlen lassen. Boden auf eine Tortenplatte setzen und mit einem Tortenring umlegen.

### BISKUIT:

4 Eier (M)
120 g Zucker
75 g Mehl
25 g Speisestärke
½ Pck. Backpulver

Eier trennen. Eiweiß steif schlagen, dabei den Zucker langsam einrieseln lassen. Eigelb unterheben. Mehl, Stärke und Backpulver vermischen, darübersieben und unterheben.

Teig in eine mit Backpapier ausgelegte 26-cm-Springform füllen, glatt streichen und im vorgeheizten Backofen auf der 2. Schiene von unten bei 180 °C Ober- und Unterhitze 25–30 Minuten backen. Auf einem Kuchengitter in der Form auskühlen lassen. Anschließend einmal waagerecht durchschneiden.

### FÜLLUNG:

200 g frische Heidelbeeren
100 ml Orangensaft
200 ml Rotwein
250 ml Kirschsaft
100 g Zucker
1 Pck. Vanille-Puddingpulver

Ein paar schöne Heidelbeeren für die Dekoration beiseite legen.

Für die Füllung Heidelbeeren, Orangensaft, Rotwein, Kirschsaft und Zucker mit dem Puddingpulver mischen und daraus eine Fruchtfüllung kochen.

600 ml Schlagsahne
2 Pck. Vanillezucker

Sahne mit Vanillezucker steif schlagen.

Fruchtfüllung auf dem Mürbeteigboden verstreichen und ⅓ der geschlagenen Sahne darauf verteilen. Die erste Lage des Biskuitbodens darauf geben und leicht andrücken. Darauf die Hälfte der restlichen Sahne verteilen und mit der zweiten Lage des Bodens belegen. Tortenring entfernen und die Torte mit der restlichen Sahne einkleiden.

## Jiaogulan-Aperitif mit Prosecco

### 6 GLÄSER

4 ca. 30 cm lange Jiaogulan-Ranken
1 FL Prosecco
6 Eiswürfel

Von den Jiaogulan-Ranken 6 schöne Blättchen für die Dekoration beiseite legen.

Den Rest komplett in einen Krug geben. Die Ranken mit einem Holzstößel oder Quirl zerdrücken, so dass eine grüne Masse entsteht.

Mit Prosecco auffüllen und mindestens 1 Stunde im Kühlschrank ziehen lassen.

Durch ein feines Sieb abseihen. Eiswürfel auf die Gläser verteilen, mit dem Getränk auffüllen und den Blättchen dekorieren. Sofort servieren.

## *Fruchtige Verführung*

### ERDBEER-LIMETTEN-BASILIKUM-TORTE

### MANDELBODEN:
30 g Mehl
1 TL Backpulver
100 g Zucker
100 g gemahlene, geröstete Mandeln
Abrieb von 1 Limette, unbehandelt
3 Eier
50 g Olivenöl
1 Msp. Salz

Mehl und Backpulver vermischen. Zucker, Mandeln, Limettenabrieb, Eier, Olivenöl und Salz hinzufügen. Alles mit dem Mixer schnell verrühren. Anschließend 2 Minuten auf höchster Stufe aufschlagen.
Masse in eine mit Backpapier ausgelegte 26-cm-Springform füllen und glatt streichen.

100 g Nougat-Creme
½ Glas Preiselbeeren

Nougat-Creme und Preiselbeeren in kleinen Tupfen auf dem Teig verteilen.
Im vorgeheizten Backofen bei 180 °C Ober- und Unterhitze ca. 25 Minuten backen. Anschließend auskühlen lassen. Boden auf eine Tortenplatte setzen und mit einem Tortenring umlegen.

### BISKUIT:
2 Eier (M)
60 g Zucker
30 g Mehl
15 g Speisestärke
1 Msp. Backpulver

Eier trennen. Eiweiß steif schlagen, dabei den Zucker langsam einrieseln lassen. Eigelb unterheben. Mehl, Stärke und Backpulver vermischen, darüber sieben und unterheben.
Teig in eine mit Backpapier ausgelegte 26-cm-Springform füllen, glatt streichen und im vorgeheizten Backofen auf der 2. Schiene von unten bei 180 °C Ober- und Unterhitze 20–25 Minuten backen. Auf einem Kuchengitter in der Form auskühlen lassen.

### SÜSSES BASILIKUM-PESTO:
30 g Mandeln gehackt, geröstet
50 g Basilikum
3 TL Zitronensaft
etwas Zitronenabrieb, unbehandelt
2 TL Honig, flüssig
1 Prise Salz
80 ml Olivenöl

Alle Zutaten in einen Mixbecher geben und mit dem Pürierstab ein Pesto herstellen.

### LIMETTENCREME:
1 Blatt Gelatine
100 ml Limettensaft
Abrieb von 2 Limetten, unbehandelt
1 Pck. Vanille-Puddingpulver

50 g Zucker
400 ml Milch
250 ml Schlagsahne, geschlagen

Gelatine in kaltem Wasser einweichen.
Limettensaft und -abrieb, Puddingpulver und Zucker glatt rühren. Milch aufkochen, Puddingmischung einrühren und aufkochen. Creme in eine Schüssel geben und die gut ausgedrückte Gelatine einrühren. Abkühlen lassen, dabei gelegentlich umrühren damit sich keine Haut bildet.
⅓ der geschlagenen Sahne unter die lauwarme Creme rühren. Den Rest vorsichtig unterheben. Die abgekühlte Creme auf dem Mandelboden verteilen, das Basilikum-Pesto in Spiralen dazwischen geben und glatt streichen. Mit einer Lage Biskuit belegen und 30 Minuten kalt stellen.

### ERDBEERSPIEGEL:
250 g frische Erdbeeren
30 g Zucker
1 Pck. Sofort-Gelatine
etwas Schlagsahne

Erdbeeren mit dem Zucker fein pürieren. Sofort-Gelatine unterrühren, das Püree auf den Biskuit geben und glatt streichen.
Torte am besten über Nacht kalt stellen.
Vor dem Servieren eventuell etwas Sahne steif schlagen und den Tortenrand damit einstreichen. Torte mir Erdbeeren, Basilikum-Blättern oder Zitronenscheiben dekorieren.

# Nussecken

### RÜHRTEIG:

450 g Vollkorn-Dinkelmehl
180 g Zucker
3 Pck. Vanillezucker
3 Eier
180 g Margarine

Aus den Zutaten einem festen Rührteig herstellen und auf ein gefettetes Backblech streichen. Mit einem kleinen Teigroller glatt rollen.

### BELAG:

220 g Gelee oder Marmelade

Gelee oder Marmelade erwärmen und auf dem ungebackenen Teig verstreichen.

300 g Butter
300 g Zucker
200 g geh. Walnüsse
200 g geh. Mandeln
200 g geh. Haselnüsse

Butter in der Pfanne schmelzen. Zucker und Nuss-Mandelmischung dazugeben und rühren bis sich alle Zutaten zu einem Brei verbunden haben. Den Nussbrei löffelweise auf den Teig geben, vom Rand her beginnen. Danach alles vorsichtig glatt streichen. Im vorgeheizten Backofen bei 170 °C Ober- und Unterhitze ca. 45 Minuten backen. Oberfläche darf nicht zu dunkel werden. Anschließend auskühlen lassen, in 4 × 8 cm Stücke schneiden und in den Kühlschrank stellen.

200 g Zartbitter-Kuvertüre

Kuvertüre schmelzen und die Nussecken zu einem Drittel hineintauchen. Auf Backpapier trocknen lassen.

### TIPP:

Wenn die Nussecken vor dem Glasieren ganz kalt sind, glänzt die Schokolade schöner.

## Bauerntorte

### RHABARBER MIT QUARK UND STREUSEL

#### STREUSELTEIG:
240 g Mehl
120 g Zucker
40 g gehackte Mandeln
120 g kalte Butter
etwas kaltes Wasser

Zuerst alle trockenen Zutaten vermischen. Kalte Butter in Stücken und ganz wenig Wasser dazugeben und so lange bearbeiten, bis gleichmäßige kleine Streusel daraus geworden sind, kein homogener Teig.
⅔ der Streusel in eine gefettete 28-cm-Springform drücken, Rand ausarbeiten. Rest der Streusel aufheben.

#### BELAG
560 g Magerquark
120 g Zucker
1 Pck. Vanille-Puddingpulver

4 Eier, getrennt
180 g Butter, flüssig
1 Prise Salz

Quark, Zucker, Puddingpulver, Eigelb und flüssige, nicht mehr heiße Butter mixen.
Eischnee separat mit 1 Prise Salz steif schlagen und mit dem Schneebesen unter die Quarkmasse heben. Masse auf dem Streuselboden verteilen.

#### FRÜCHTE:
250 g TK Rhabarber

Rhabarberstücke im gefrorenen Zustand auf die Quarkmasse geben, Streusel darüber krümeln.

Im vorgeheizten Backofen bei 200 °C 30 Minuten backen.
Vor dem Anschneiden gut auskühlen lassen.
Mit Rote Bete-Puderzucker bestäuben.

#### ROTE BETE-PUDERZUCKER:
Rote Bete schälen und auf ein mit Backpapier ausgelegtes Blech fein reiben. Im Backofen bei 80 °C so lange trocknen, bis die Krümel ganz trocken sind.
Mit Zucker mischen und in einer alten Kaffeemühle oder Mixer zu Puderzucker verarbeiten.

# Schokoladentorte
## mit Himbeeren

### MANDELBODEN:
30 g Mehl
1 TL Backpulver
100 g Zucker
100 g gemahlene, geröstete Mandeln
Abrieb von 1 Zitrone, unbehandelt
3 Eier
50 ml Olivenöl
1 Msp. Salz

100 g TK-Himbeeren

Mehl und Backpulver vermischen. Zucker, Mandeln, Zitronenabrieb, Eier, Olivenöl und Salz hinzufügen. Alles mit dem Mixer verrühren. Anschließend 2 Minuten auf höchster Stufe aufschlagen.
Masse in eine mit Backpapier ausgelegte 26-cm-Springform füllen und glatt streichen.
Himbeeren zerbröseln und auf dem Teig verteilen. Im vorgeheizten Backofen bei 180 °C Ober- und Unterhitze ca. 25 Minuten backen. Danach auskühlen lassen. Den Boden auf eine Tortenplatte setzen und mit einem Tortenring umlegen.

### HIMBEERMASSE:
200 g TK-Himbeeren
30 g Zucker
½ Pck. Sofort Gelatine

Himbeeren auftauen und mit dem Zucker leicht pürieren. Gelatine unterrühren und die Masse sofort in der Mitte des Bodens als Kuppel verteilen.

### SCHOKOLADENMOUSSE:
200 g Zartbitter-Kuvertüre (70%)
65 ml Schlagsahne
65 ml Milch
2 Eigelb
20 g Zucker
265 ml Schlagsahne

Kuvertüre hacken. 65 ml Sahne und Milch aufkochen. Eigelb und Zucker schaumig schlagen, Sahnemilch dazugeben und unterrühren. Die Masse über dem Wasserbad so lange erwärmen bis sie anfängt dicklich zu werden. Kuvertüre hinzugeben und zu einer homogenen Masse verrühren.

265 ml Sahne steif schlagen und unter die noch warme Masse heben. Schokoladenmousse auf dem Boden verteilen und glatt streichen. Torte im Kühlschrank fest werden lassen. Nach Geschmack mit Himbeeren, Kuvertüre-hobel und Kakaopulver garnieren.

# Goldtröpfchen-Torte
## VANILLE-KÄSEKUCHEN MIT SCHNEE

### STREUSELTEIG:
180 g Mehl
90 g Zucker
90 g kalte Butter
etwas kaltes Wasser

Mehl und Zucker vermischen. Kalte Butter in Stücken und ganz wenig Wasser dazugeben und so lange bearbeiten, bis gleichmäßige kleine Streusel daraus geworden sind, kein homogener Teig.

Streusel in eine gefettete 28-cm-Springform drücken und dabei einen Rand ausarbeiten. Es dürfen keine Löcher entstehen, da die Quarkmasse sehr flüssig ist.

### KÄSECREME:
500 g Magerquark
150 ml Sonnenblumenöl
180 g Zucker

Quark, Öl und Zucker glatt rühren.

3 Eier
1 Pck. Vanille-Puddingpulver
Saft und Abrieb 1 Limette
500 ml Milch

2 Eier trennen. Eigelb und das ganze Ei, Puddingpulver, Saft und Abrieb einer Limette und Milch mit der Quarkmasse verrühren. Masse auf den Streuselboden geben und im vorgeheizten Backofen bei 175 °C 60 Minuten backen.

### SCHNEE:
2 Eiweiß (von der Käsecreme)
50 g Zucker

Eiweiß mit dem Zucker steif schlagen, nach der ersten Backzeit auf dem Kuchen verteilen und weitere 10 Minuten backen.

# Kräuter-Zironen-Limonade

## MIT HIMBEEREN

ca. 1 l

1 Zitrone, unbehandelt
1 Hand voll Himbeeren
oder andere Früchte der Saison
je 2 Stängel Zitronenmelisse
Monarda (Goldmelisse)
Estragon
Erdbeerminze
Thüringer Minze

Zitrone waschen und in Scheiben schneiden, eventuell Kerne entfernen.
Himbeeren und Kräuter waschen und verlesen.
Kräuter in ca. 10–15 cm lange Stängel zerteilen und mit dem Messerrücken leicht andrücken.
Abwechselnd Kräuter, Zitronenscheiben und Himbeeren in eine Karaffe mit weitem Hals füllen.
Mit Mineralwasser oder Leitungswasser auffüllen und servieren.
Ist die Karaffe leer, kann nochmals Wasser nachgefüllt werden.
Die Kräuter geben ihr Aroma mehrfach ab.

*Café Viktoria Luise*

*Die überdachte Terrasse, bestückt mit weißen antiken Möbeln, lädt zum Verweilen ein.*

Eine exklusive Welt eröffnet sich dem Besucher des neuen Cafés Viktoria Luise im schönen Stadtteil Hoheluft in Rendsburg. Wer hat nicht schon einmal geträumt, nach dem er die großen Events im Fernsehen gesehen hatte, über den roten Teppich zu flanieren? Hier kann man es, denn der Caféeingang lädt mit einem langen roten Teppich ein, der von Blumen des Vorgartens umgeben ist. Die Komponistin dieses an alte Glanzzeiten erinnernden Cafés ist Marina Schuldt, Konditorin, Industriekauffrau, Antiquitätenhändlerin …, „Ich habe viele Berufe" strahlt die Dame von Welt „und Sie können alle Sammlerstücke, die Sie hier entdecken, auch kaufen. Seltenes Porzellan, Silber, barocke Spie-

gel, alte Bilder und kleine Möbelteile, auch in meinem Online-Shop www.cafe-viktoria-luise. de." Also tauchen wir ein in diese faszinierende Welt der Schönheit. Vitrinen, die wertvolles Porzellan beherbergen, antike Kristall- und Glasschätze, Mobiliar der ersten Klasse und immer wieder weiß, weiß, weiß, von den wunderschönen Tischdecken bis hin zu den gestärkten Rüschenschürzchen der fachkundigen und sehr freundlichen Bedienung. Wer würde in Jeans oder kurzen Hosen mit Plastiktüten in der Hand diese wunderschöne Welt betreten wollen? Man macht sich ein bisschen schön, hat also Spaß daran sich vorzubereiten, um in die traumhafte Welt des Cafés Viktoria Luise einzutauchen.

Die Torten und Kuchen sind von ganz besonderer Qualität, für die eine Konditormeisterin sorgt. Dazu kann man Kaffee aus feinsten Premiumsorten wählen, die auf Wunsch handgefiltert zubereitet werden. Das Café öffnet bereits um 9:00 Uhr, und man kann in dem stilvollen Ambiente die köstlichen Frühstücksvariationen genießen mit knusprigen französischen Croissants, Brötchen oder selbstgebackenem Brot. Brunch gibt es natürlich auch auf besondere Bestellung. Mittags erwartet den Gast ein täglich wechselnder Mittagstisch mit gesunden und ausgewogenen Gerichten. Bei schönem Wetter kann man all diese Spezialitäten auf der überdachten Sonnenterrasse genießen mit Blick in den schön angelegten Garten. Die Lage des Cafés ist ideal, ruhig und doch zentral. Es sind

*Raritäten der Manufakturen Meissen, Rosenthal und KPM lassen Sammlerherzen höher schlagen.*

*Einmal über den roten Teppich gehen …*

150 m bis zu dem malerischen Ufer der Eider, oder man wandert zum nahe gelegenen Nord-Ostsee-Kanal hinüber, schaut den Schiffen nach, kommt ins Träumen und kehrt dann in die wohlige Atmosphäre des Viktoria Luise zurück, das als erstes Café in Schleswig-Holstein vom Genuss-Verein „Feinheimisch" aufgenommen wurde.

Marina Schuldt legt Wert darauf, ihrem Mann Harald nochmals herzlich zu danken, dass er es möglich macht, immer wieder ihre ausgefallenen Ideen zu verwirklichen, was am Ende den zufriedenen Gästen des Cafés Viktoria Luise zugute kommt.

 CAFÉ VIKTORIA LUISE

*Mohn-Marzipan-Torte*

## Mohn-Marzipan-Torte

schneiden. Den unteren Boden mit einem Tortenring umlegen.

### MOHNBODEN:
200 g Bio-Ei
180 g Zucker
120 g Blaumohn
140 g Weizenmehl
11 g Backpulver

### SAHNE:
600 g Schlagsahne
15 g Zucker
3 Blatt Gelatine
80 ml Amaretto
500 g feines Marzipan

Eier und Zucker unter ständigem Rühren auf dem Herd erwärmen (ca. 35–40 °C), anschließend kalt und schaumig rühren. Blaumohn, Weizenmehl und Backpulver vermischen und unter die schaumige Ei-Masse heben. Biskuit in eine mit Backpapier ausgelegte 26-cm-Springform füllen und im vorgeheizten Backofen bei 180 °C ca. 20–30 Minuten backen. Anschließend gut auskühlen lassen. Boden auf eine Tortenplatte setzen und zweimal waagerecht durch-

Sahne mit dem Zucker steif schlagen. Gelatine in kaltem Wasser ca. 5–10 Minuten einweichen, ausdrücken und erwärmen. Anschließend in den Amaretto geben und die Sahne unterziehen. Tortenböden mit der Amaretto-Sahne füllen. Ein wenig von der Sahne zurückbehalten um die Torte einzustreichen. Marzipan dünn ausrollen und sie damit eindecken. Nach Lust und Laune ausgarnieren, eventuell mit frischen ungespritzten Blumen.

# Butterkuchen

### TEIG:
500 g Weizenmehl
50 g Butter
50 g Zucker
50 g Bio-Ei
30 g Hefe
10 g Salz
230 ml Wasser

Alle Zutaten zu einem schönen glatten Teig verkneten und ca. 10 Minuten ruhen lassen. Eine 26-cm-Springform mit Butter ausfetten, mit dem Teig auslegen und eine Stunde gehen lassen. Achtung, die Oberfläche immer feucht halten. In der Zwischenzeit die Buttercreme zubereiten.

### BUTTERCREME:
350 g weiche Butter
30 g Puderzucker

Beides schön schaumig schlagen und nach der Ruhezeit auf dem Boden verstreichen.

### STREUSEL:
100 g Mandeln, gehobelt
200 g feiner Kristallzucker

Beide Zutaten auf der Buttercreme verstreuen und den Kuchen im vorgeheizten Backofen bei 190 °C ca. 15–20 Minuten goldbraun backen. Noch warm servieren.

# Obsttorte mit Haselnussstreusel

### HEFETEIG:

60 g Hefe
250 g Weizenmehl
50 g Zucker
1 Prise Salz
Mark 1 Vanilleschote
50 g Butter
130 ml Milch (3,8% Fett)

Alle Zutaten zu einem glatten Teig verkneten und ca. 10 Minuten ruhen lassen. In der Zwischenzeit den Mürbeteig zubereiten.

### MÜRBETEIG:

150 g weiche Butter
90 g Puderzucker
75 g Bio-Ei
1 Prise Salz
1 Prise Zimt
250 g Weizenmehl
30 g Haselnuss- oder Mandelgrieß

Butter, Puderzucker, Vollei, Salz und Zimt glatt rühren, aber nicht schaumig. Wenn alles glatt ist, Mehl und Nüsse unterlaufen lassen.

Hefeteig mit dem Mürbeteig zusammen verkneten. Eine 26-cm-Springform mit dem Teig auslegen und abgedeckt ca. 15 Minuten ruhen lassen.

### STREUSEL:

200 g Weizenmehl
200 g Zucker
50 g Nüsse, gerieben
1 Prise Salz
150 g Butter, flüssig

Weizenmehl, Zucker, Nüsse und Salz mischen und die flüssige Butter unterrühren.

Tortenboden nach Belieben mit Früchten belegen und mit den Streusel bedecken. Anschließend im vorgeheizten Backofen bei 180 °C ca. 45 Minuten backen.

# Schweizer Schokoladentorte mit Birnen

### BISKUIT:
6 Bio-Eier
225 g Zucker
180 g Weizenmehl
35 g echtes Kakaopulver von guter Qualität

Eier und Zucker unter ständigem Rühren auf dem Herd erwärmen (35–40 °C), anschließend kalt schlagen. Weizenmehl und Kakaopulver vermischen, darübersieben und unterrühren. Teig in eine mit Backpapier ausgelegte 26-cm-Springform füllen und im vorgeheizten Backofen bei 180 °C ca. 25–30 Minuten backen. Anschließend gut auskühlen lassen. Boden auf eine Tortenplatte setzen und zweimal waagerecht durchschneiden. Den unteren Boden mit einem Tortenring umlegen.

### FÜLLUNG:
4 große Birnen mit gutem Geschmack und von guter Qualität
150 g Zucker
150 ml Birnensaft oder Wasser

Birnen schälen, entkernen und in große Würfel schneiden. Zucker und Flüssigkeit erhitzen, Birnen hineingeben und dünsten lassen. Anschließend in einem Sieb auskühlen und abtropfen lassen.

TIPP:
Die Birnen einen Tag vorher dünsten und über Nacht durchziehen lassen.

2 Blatt Gelatine
700 ml Schlagsahne
25 g Zucker
180 g Schokoladenspäne aus Schweizer Bitterschokolade

Gelatine in kaltem Wasser einweichen. Sahne und Zucker steif schlagen. Die ausgedrückte und erwärmte Gelatine in die Sahne geben und zum Schluss die Schokoladenspäne unterheben. Den unteren Boden mit der Hälfte der Birnen belegen und ⅓ der Sahne darauf verstreichen. Den zweiten Boden auflegen, zweite Hälfte der Birnen und ⅓ Sahne darauf geben. Mit dem dritten Boden belegen und das letzte Drittel Sahne darauf verstreichen.

200 ml Schlagsahne, geschlagen, zum Ausgarnieren
Schokospäne

Den Rand mit Sahne einstreichen sowie mit Schokospäne absetzen. Die Oberfläche der Torte nach Belieben ausgarnieren.

# Eierlikör-Torte

### TEIG:

140 g weiche Butter
140 g Bio Eigelb
210 g Bio-Eiweiß
125 g Zucker
100 g Krokant
100 g Mandelsplitter
75 g Weizenmehl

Butter schön schaumig schlagen und das Eigelb nach und nach unterlaufen lassen. In der Zwischenzeit das Eiweiß mit dem Zucker zu Schnee schlagen.

Krokant, Mandelsplitter und Weizenmehl vermischen. Nach Geschmack kann man auch Schokolade unterheben.

Die schaumige Buttermasse mit dem Eischnee mischen und das Mehlgemisch unterheben. Teig in eine mit Backpapier ausgelegte 26-cm-Spring-

form füllen und im vorgeheizten Backofen bei 180 °C ca. 30–40 Minuten backen. Anschließend gut auskühlen lassen. Boden auf eine Tortenplatte setzen und zweimal waagerecht durchschneiden. Den unteren Boden mit einem Tortenring umlegen.

## EIERLIKÖRSAHNE:

20 g Zucker
500 ml Schlagsahne
3 Blatt Gelatine
120 ml Eierlikör

Zucker in die flüssige Sahne geben und beides miteinander aufschlagen. Gelatine in kaltem Wasser ca. 5 Minuten einweichen, ausdrücken und erwärmen. Achtung, sie darf nicht kochen! Eierlikör (Raumtemperatur) in die Gelatine geben und verrühren. Anschließend die geschlagene Sahne nach und nach unterziehen. Die Torte damit füllen und über Nacht im Kühlschrank anziehen lassen.

## GARNITUR:

100 ml Schlagsahne, geschlagen
Schweizer Schokoladenspäne
Eierlikör

Torte aus dem Tortenring lösen, den Rand mit Sahne einstreichen sowie mit Schweizer Schokoladenspäne absetzen. Zur Krönung einen Spiegel aus purem Eierlikör oben auf die Torte gießen.

*Das Kuchenhaus*

# DAS KUCHENHAUS

*Das Haus wurde 1913 erbaut und gehörte früher zu einem landwirtschaftlichen Betrieb.*

In Südangeln an der Schlei besuchen wir Das Kuchenhaus. In dem romantischen Ort Broderby ist es in der Nähe der Missunder Fähre gelegen. Kerstin Tschekan und ihr Mann machten seinerzeit eine Fahrradtour durch die liebliche Gegend und entdeckten damals das recht renovierungsbedürftige Wohnhaus, das einmal zu einem landwirtschaftlichen Betrieb gehörte und zum Verkauf stand. Nach mehrfachem Überschlafen stand der Entschluss fest: Sie wollten hier Ferienwohnungen ausbauen, und ein Café dürfte auch nicht fehlen. Seit März 2013 ist nun alles fertig gestellt, zauberhafte Appartements und ein vorbildlich geführtes Café: Das Kuchenhaus. Stilistisch ist es skandinavisch inspiriert mit großen Fenstern, also viel Licht und weißen skandinavischen Möbeln – sehr sparsam und sehr geschmackvoll.

Carmen Glaß, die Geschäftsführerin und Seele vom Ganzen, erzählt: „Ich habe das Hotelfach erlernt und mein Ehrgeiz ist es, die Gäste optimal zu bewirten, ja, glücklich zu machen. Unsere beiden wunderbaren Bäckerinnen backen alles selbst, von unserem Renner, der Trümmertorte, über diverse traditionelle und auch selbstkreierte Torten und Kuchen bis hin zu lecker duftenden Waffeln. Der Gast soll sich inmitten der wunderschönen Schleilandschaft wohlfühlen und gerne wiederkommen. Wir haben 40 Sitzplätze und auch noch einen Außenbereich. Man kann unsere Räumlichkeiten auch ganz oder abgetrennt mieten, und wir haben zusätzlich noch einen intimen Clubraum, separat vom täglichen Cafébetrieb, der in der Saison von April bis Oktober von 12:00–18:00 Uhr geöffnet ist. In der Saison 2014 haben wir ganz neu durchgestartet mit einer kleinen Speisekarte mit Flammkuchen in verschiedenen Variationen, kleinen Pizzasnacks und einem Gemüsestrudel, also Spezielles für den kleinen Hunger. An Vegetarier haben wir natürlich auch gedacht, und all unsere Blechkuchen sind laktosefrei. In der Saison haben wir täglich neun Torten zur Auswahl, zusätzlich zu unserem Blechkuchen und unseren speziellen Kinderangeboten. Wir

*Von Schwansen nach Angeln oder umgekehrt benutzt man die vom Café 500 m entfernte Missunder Fähre. Nach dem Kaffeetrinken ein empfehlenswerter kleiner Spaziergang.*

*Alte Kaffeeröstmaschine, eine Leihgabe des Dorfmuseumsvereins Brodersby.*

sind glücklich, auch die Herzen der Einheimischen gewonnen zu haben. Sie feiern ihre Familienfeste bei uns und schwärmen immer davon, mit wie viel Liebe fürs Detail alles eingedeckt und serviert wird. Klein aber fein.

Ideal ist natürlich, dass man bei uns anschließend übernachten kann. Viele unserer Gäste verbringen hier ihren Urlaub. Man kann hier wunderbar die Seele baumeln lassen. Das Café liegt gegenüber des Krähenwaldes. 500 Meter sind es zur Missunder Fähre, nur fünf Minuten zu gehen. Frühstücken kann man bei uns ab 10 Personen. Einmal im Monat bieten wir ein reichhaltiges Frühstückbuffet – immer am 2. Sonntag im Monat."

Das Kuchenhaus, ein gern besuchtes Refugium, das skandinavischen Stil, liebevolles Personal und Schlemmerkost in Fülle bietet.

*Cappuccino-Bananen-Torte, Schokoladen-Birnen-Streuselkuchen, Bienenstich, Rhabarberkuchen und Mandarinen-Quark-Sahne Torte*

# Schokoladen-Birnen-Streuselkuchen

### FLAMMERI:
500 ml Milch
2 EL Zucker
50 g Vanille-Puddingpulver

Aus den Zutaten nach Packungsanweisung einen Flammeri (Pudding) kochen und danach leicht abkühlen lassen.

### RÜHRTEIG:
125 g weiche Butter
125 g Zucker
3 Eier
2 EL Kakaopulver
2 EL Milch
175 g Mehl
2 TL Backpulver

3 Dosen Birnen (á 825g)

Aus den Zutaten einen Rührteig herstellen, auf ein vorbereitetes Backblech streichen und den Flammeri darauf verstreichen.
Birnen abtropfen lassen, klein schneiden und auf dem Flammeri verteilen.

### STREUSEL
330 g Mehl
1 Pck. Vanillezucker
1 Prise Salz
175 g Zucker
¼ TL Zimt
200 g geschmolzene Butter

Zutaten zu Streusel verarbeiten und auf den Birnen verteilen. Im vorgeheizten Backofen bei 175 °C Umluft ca. 30 Minuten backen.

# Bienenstich mit echter Buttercreme

### TEIG:
5 Eier
150 g Puderzucker
1 Pck. Vanille-Puddingpulver
90 g Mehl
1 TL Backpulver
100 g Mandelblättchen
2 Pck. Vanillezucker
100 ml Schlagsahne

Eier und Puderzucker 10 Minuten kräftig schlagen. Vanille-Puddingpulver, Mehl und Backpulver vermischen und unterheben. Teig in eine mit Backpapier ausgelegte 28-cm-Springform füllen. Mandelblättchen und Vanillezucker auf den Teig

geben und im vorgeheizten Backofen bei 180 °C 20 Minuten backen. Danach sofort mit der Sahne übergießen und auskühlen lassen.

### BUTTERCREME:
500 ml Milch
100 g Zucker
2 Pck. Vanille-Puddingpulver

Nach Packungsanweisung einen Flammeri (Pudding) kochen und auskühlen lassen.

200 g Butter
50 g Puderzucker

Butter und Puderzucker gut verrühren und den abgekühlten Flammeri löffelweise unterrühren. Biskuitboden einmal waagerecht durchschneiden, mit der Buttercreme füllen und mit dem zweiten Boden bedecken.

# Fraukes Orangen-Frischkäse-Torte

### BODEN:
125 g Butter
225 g Löffelbiskuits, gemahlen
Öl für die Tortenplatte

Butter schmelzen und mit den zermahlenen Löffelbiskuits vermengen.

Tortenplatte dünn mit Öl bepinseln und einen Tortenring in die Mitte setzen. Teig hineinfüllen und mindestens 2 Stunden kalt stellen.

### FÜLLUNG:
12 Blatt Gelatine
400 g Frischkäse
Zitronenabrieb und Saft von 1 Zitrone, unbehandelt
Orangenabrieb und Saft von 2 Orangen, unbehandelt
200 g Zucker
200 ml Schlagsahne, geschlagen

Gelatine in kaltem Wasser einweichen.

Frischkäse (minus 2 EL) mit dem Abrieb und Saft von Zitrone und Orange und dem Zucker verrühren. Gelatine ausdrücken, in einem Topf auflösen, mit 2 EL Frischkäse verrühren und zügig unter die übrige Masse geben. Wenn die Masse „Straße zieht", geschlagene Sahne unterheben und auf den Boden streichen. Über Nacht kalt stellen.

## Tante Hertas Rhabarberkuchen

### RÜHRTEIG:

100 g weiche Butter
120 g Zucker
4 Eigelb
140 g Mehl
1 TL Backpulver
3 EL Milch

Aus den Zutaten einen Rührteig herstellen und in eine mit Backpapier ausgelegte 28-cm-Springform füllen.

### BELAG:

4–5 Stangen Rhabarber
2 EL Zucker

Rhabarber putzen, waschen, in 3 cm große Stücke schneiden und den Teig dicht an dicht damit belegen. Mit dem Zucker bestreuen und im vorgeheizten Backofen bei 180 °C Ober- und Unterhitze 20 Minuten backen.

### BAISER:

4 Eiweiß
160 g Zucker

Eiweiß steif schlagen und den Zucker einrieseln lassen. Eischnee auf den Rhabarber streichen und weitere 25 Minuten backen.
Das Einfachste ist manchmal das Leckerste!

# Cappuccino-Bananen-Torte

### BISKUIT:
4 Eier
2 EL Wasser
160 g Zucker
60 g Mehl
1 ½ Pck. Backpulver
40 g geriebene Zartbitter-Schokolade
140 g gemahlene Mandeln

Eier, Wasser und Zucker sehr schaumig schlagen. Mehl, Backpulver, Schokolade und Mandeln vermischen und vorsichtig unterheben. Teig in eine mit Backpapier ausgelegte 28-cm-Springform füllen und im vorgeheizten Backofen bei 180 °C Ober- und Unterhitze 25–30 Minuten backen. Danach auskühlen lassen. Boden auf eine Tortenplatte setzen. Das obere Drittel abschneiden und zerbröseln. Boden mit einem Tortenring umlegen.

### BRÖSEL:
Tortenbodenbrösel
1 Pck. Vanillezucker

Brösel mit Vanillezucker in einer Pfanne ohne Fett leicht anrösten und auf einem Teller auskühlen lassen.

### FÜLLUNG:
4 Bananen
2 EL Zitronensaft
200 ml Wasser
1 Pck. Tortenguss, weiß
1 EL Zucker
3 EL samtige Aprikosen-Marmelade

Bananen längs halbieren, in Zitronensaft wen-

den und auf dem Biskuit verteilen. Tortenguss nach Packungsanweisung mit Wasser und Zucker aufkochen, Marmelade unterrühren, nochmals kurz aufkochen, auf die Bananen geben und auskühlen lassen.

600 ml Schlagsahne
2 Pck. Sahnesteif

40 g Zucker
2 Pck. Vanillezucker
5–6 Tütchen Cappuccinopulver

Sahne mit Sahnesteif, Zucker und Vanillezucker steif schlagen und das Cappuccinopulver unterrühren. Anschließend auf den Bananen verteilen.

300 ml Schlagsahne
1 Pck. Sahnesteif
1 EL Zucker

Sahne mit Sahnesteif und Zucker steif schlagen und auf die Cappuccinosahne streichen. Mit den Bröseln bestreuen. Nach Beleiben garnieren.

# Kerniger Apfel-Cranberrie-Kuchen

## APFELMISCHUNG:

1,5 kg Äpfel, geschält, entkernt, gewürfelt
2 EL Zitronensaft
60 g geschmolzene Butter
50 g Zucker
120 g getrocknete Cranberries

Alle Zutaten miteinander vermengen.

## RÜHRTEIG:

230 g Butter
150 g Zucker
4 Eier
2 EL Milch
150 g Mehl
2 ½ TL Backpulver
150 g zarte Haferflocken

Puderzucker zum Bestäuben

Aus den Zutaten einen Rührteig herstellen. ⅔ des Teiges in eine mit Backpapier ausgelegte 28-cm-Springform füllen. Apfelmischung darauf geben und den Rest des Teiges darauf verteilen. Im vorgeheizten Backofen bei 180 °C Ober- und Unterhitze 50–55 Minuten backen. Danach auskühlen lassen und mit Puderzucker bestäuben.

# Mandarinen-Quark-Sahne-Torte

## BISKUIT:

4 Eier, getrennt
3 EL kaltes Wasser
125 g Zucker
1 Pck. Vanillezucker
75 g Mehl
50 g Speisestärke
1 TL Backpulver

Eiweiß und 3 EL Wasser steif schlagen. Zucker und Vanillezucker langsam einrieseln lassen. Eigelb nacheinander unterrühren. Mehl, Stärke und Backpulver vermischen, darübersieben und unterheben.

Teig in eine mit Backpapier ausgelegte 28-cm-Springform füllen und bei 180 °C Umluft ca. 25 Minuten backen. Danach auskühlen lassen. Boden auf eine Tortenplatte setzen und einmal waagerecht durchschneiden. Den unteren Boden mit einem Tortenring umlegen.

## FÜLLUNG:

8 Blatt Gelatine, weiß
2 Dosen Mandarinen (á 170 g Abtropfgewicht)
500 g Magerquark
120 g Zucker
Saft von 1–2 Zitronen
500 ml Schlagsahne, geschlagen
Gelatine in kaltem

Wasser einweichen. Mandarinen abtropfen lassen, dabei 6 Spalten halbieren und für die Garnitur beiseite stellen.

Quark, Zucker und Zitronensaft verrühren. Gelatine ausdrücken, bei schwacher Hitze auflösen, 2 EL Quarkmasse unterrühren und zur Quarkmasse geben. Sahne unterheben.

Die Hälfte der Creme auf dem unteren Boden verstreichen und die Mandarinen darauf verteilen. Mit der restlichen Creme bedecken und glatt streichen.

Mit dem zweiten Boden belegen, andrücken und mindestens 4 Stunden kalt stellen. Besser über Nacht.

## GARNITUR:

400 ml Schlagsahne
2 Pck. Vanillezucker
Mandarinenspalten und Orangenkonfitüre

Sahne mit Vanillezucker steif schlagen, Torte damit auskleiden und mit Mandarinenspalten und Orangenkonfitüre dekorieren.

Café Küste

*Bei schönem Wetter kann man auf der Terrasse oder draußen vor dem Café Kaffee und Kuchen genießen.*

Nur wenige Schritte vom historischen Meldorfer Marktplatz entfernt, finden wir in der Fußgängerzone das Café Küste. Hier schaltet und waltet mit viel Charme und Elan die gelernte Konditorin Antje Eichler. Die geborene Marnerin erlernte nach ihrer Schulzeit erst einmal von Grund auf den Beruf der Konditorin bei Poppinga, ein gestrenger Meister der alten Schule, den die älteren Marner noch gut erin-

nern können, und der bei Antje Eichler nichts durchgehen ließ, wofür sie ihm heute noch dankbar ist. Danach ließ sie sich erst einmal den Wind um die Nase wehen, arbeitete auf Amrum, in Süddeutschland und schließlich in Heide im früheren Café Reimers – immer mit dem Traum, ein eigenes Café zu eröffnen. Herr Möller, der im heutigen Café Küste eine Bäckerei betrieb, vermietete ihr diese 2011, und nun konnte es losgehen. Die Räume wurden rigoros renoviert, ein bisschen plüschig, ein bisschen „südlich." Am 10.12.2011 war es dann endlich soweit, und das Café Küste mit 32 Plätzen in den beiden Innenräumen und 25 Plätzen im Außenbereich konnte aus der Taufe gehoben werden.

„Ich backe natürlich alles selbst", erzählt Antje Eichler, „und habe etwa 40 Torten im Reper-

toire." Im Sommer kreiert sie sie mit frischen Früchten der Region, und im Winter werden sie dann etwas schwerer mit Nougat, Marzipan und Nüssen. „Sie können bei mir auch Torten auf Wunsch bestellen. Ich mache Hochzeits-, Geburtstags- und Jubiläumstorten und habe auch schon einmal eine Torte anlässlich einer Operation gefertigt – auf der sollte unbedingt eine operierte Nase zu sehen sein – sie wurde sehr witzig!" Als Konditorin machen ihr solche Aufträge ganz besonderen Spaß. „Meine absoluten Renner sind zwei krasse Gegensätze: Die Frucht-Joghurt-Torte mit Früchten der Saison wie Blaubeeren, Erdbeeren, Himbeeren u.s.w. Im Gegensatz steht dazu die Baileys-Krokant-Torte mit frischem Kaffeekuchenboden. Diese beiden Renner dürfen niemals fehlen! „Berühmt ist mein tägliches Frühstück ab 8:30 Uhr. Da biete ich

viele Delikatessen an – vom „Lütten Seuten" bis zum Schlemmerfrühstück mit vielen Überraschungen."

Den Appetit hierzu sollte man sich auf einem Spaziergang durch das schöne Meldorf holen, denn der alte Handelsmittelpunkt bietet viele Attraktionen: den beeindruckenden Dom auf dem historischen Marktplatz, das Dithmarscher Landesmuseum mit der sehenswerten Barbierstube, das Landwirtschaftsmuseum mit dem historischen Haubarg, die schön erhaltenen alten Häuser und nicht zuletzt den Meldorfer Hafen im Speicherkoog.

„Wir führen keinen Saisonbetrieb" erzählt Antje weiter. „Ich habe ganzjährig von 8:30 Uhr bis 18:00 Uhr geöffnet, Montag ist mein Ruhetag. Meine beiden Caféräume erlauben mir, einen davon für geschlossene Gesellschaften zur Verfügung zu stellen, ohne dass der Cafébetrieb dadurch gestört wird. Natürlich kann man bei mir Kuchen außer Haus kaufen, was sich in einer Gehstraße einfach anbietet."

Ein Besuch im Café Küste ist immer ein lukullisches Erlebnis, und Antje Eichler wird Sie in ihrer herzlichen Art empfangen und ist immer zu einem Klönschnack aufgelegt.

*Vom Meldorfer Dom kommend, geht es am Rathaus vorbei durch die Fußgängerzone, in deren unteren Bereich wir das Café entdecken.*

*Sanddornrolle*

# Sanddornrolle

### BISKUIT:
4 Eier
100 g Zucker
70 g Mehl (Typ 405)
40 g Speisestärke

Eier trennen. Eigelb mit 70 g Zucker schaumig rühren. Eiweiß und 30 g Zucker zu Eischnee schlagen und auf die Eigelbmasse geben. Mehl und Stärke vorsichtig unterrühren. Teig auf ein mit Seidenpapier belegtes Backblech streichen und im vorgeheizten Backofen bei 180 °C Umluft ca. 15 Minuten backen. Biskuit auf den mit Zucker bestreuten Arbeitsplatz stürzen und das Seidenpapier anfeuchten, dann lässt es sich besser abziehen.

### FÜLLUNG:
200 ml Sanddornsaft
100 ml Orangensaft
1 Pck. Vanillezucker
½ Pck. Vanille-Puddingpulver
250 ml Schlagsahne
1 Pck. Sahnesteif
250 g Joghurt
Saft 1 Orange
1 Pck. Vanillezucker
Puderzucker zum Bestreuen

Sanddorn- und Orangensaft mit Vanillezucker aufkochen und mit Puddingpulver abbinden. Sahne mit Sahnesteif steif schlagen. Joghurt, Orangensaft und Vanillezucker verrühren und die Sahne unterheben.
Biskuit auf mit Zucker bestreutes Seidenpapier legen und mit dem abgebundenen Sanddornsaft bestreichen. Joghurtsahne darauf verteilen, aufrollen und ca. 90 Minuten kalt stellen. Zum Servieren mit Puderzucker bestreuen und in ca. 3,5 cm dicke Scheiben schneiden.

### TIPP:
Am besten eignet sich das Seidenpapier, welches der Bäcker benutzt, um seinen Kuchen einzupacken.

# Plumtorte

### RÜHRTEIG:

2 Eier
125 g Zucker
90 ml Sonnenblumenöl
100 ml Orangensaft
200 g zerdrückte Schokoplätzchen
100 g Mehl

Zutaten in eine Rührschüssel geben und zu einem Teig verrühren. Anschließend in eine mit Backpapier ausgelegt 26-cm-Springform füllen und im vorgeheizten Backofen bei 170 °C ca. 25 Minuten backen. Danach auskühlen lassen. Boden auf eine Tortenplatte setzen und mit einem Tortenring umlegen.

### FÜLLUNG:
1 kg frische Pflaumen

4 EL Zucker
2 Pck. Tortenguss
500 ml Schlagsahne
1 Pck. Vanillezucker
etwas Zimt

Pflaumen waschen, halbieren, entkernen. Zwei Esslöffel Zucker darüber streuen und Saft ziehen lassen. Pflaumen mit dem Saft kurz aufkochen, auf einem Sieb abtropfen lassen, den Saft auffangen. Die Pflaumen anschließend auf dem Tortenboden verteilen. 350 ml Pflaumensaft, eventuell mit Wasser ergänzen, mit dem Tortenguss andicken und auf die Pflaumen geben. Abkühlen lassen.
Sahne mit Vanillezucker steif schlagen und auf dem Kuchen verteilen. Danach zwei Stunden kalt stellen. Vor dem Servieren einmal drum herum schneiden, den Tortenring entfernen und mit dem Teigschaber glatt streichen. Mit Zimt und restlichem Zucker verzieren.

# Himbeer-Mandel-Baiser-Torte

## ZUTATEN FÜR 2 BÖDEN

### RÜHRTEIG:

250 g Margarine
200 g Zucker
Mark einer ½ Vanilleschote
8 Eigelb
300 g Mehl
1 Pck. Backpulver
200 ml Schlagsahne

### BAISER:

8 Eiweiß
400 g Zucker
300 g gehobelte Mandeln

Fett, Zucker und Vanillemark mit dem Eigelb verrühren. Mehl und Backpulver hinzufügen und mit der Sahne glatt rühren. Teig auf zwei mit Backpapier ausgelegte 28-cm-Springformen verteilen und glatt streichen.

Eiweiß und Zucker steif schlagen. Mandeln unterheben und auf beiden Teigen unregelmäßig verteilen. Böden nacheinander im vorgeheizten Backofen bei 180 °C Umluft ca. 30 Minuten backen. Im warmen Zustand vom Rand los schneiden und auskühlen lassen. Den unteren Boden auf eine Tortenplatte setzen und mit einem Tortenring umlegen.

### FRUCHTFÜLLUNG:

400 ml Traubensaft
1 Pck. Vanille-Puddingpulver
500 g TK-Himbeeren

Traubensaft mit Puddingpulver abbinden und die gefrorenen Himbeeren unterheben. Masse im noch leicht warmen Zustand auf den unteren Baiserboden füllen.

### SAHNEFÜLLUNG:

500 ml Schlagsahne
1 Pck. Sahnesteif
½ Pck. Vanillezucker

Sahne mit Sahnesteif und Vanillezucker steif schlagen, auf den Himbeeren verteilen und glatt streichen. Eine Stunde kalt stellen.

Den zweiten Baiserboden für den Deckel in 10 gleiche Stücke schneiden.
Die Torte zum Servieren aus dem Ring lösen und den Rand mit einem Teigschaber glatt streichen. Den eingeteilten Baiserboden auflegen.

# Käse-Mohn-Kuchen

### MÜRBETEIG:
120 g Butter
60 g Zucker
180 g Mehl

Zutaten zu einem Mürbeteig verarbeiten. Anschließend ausrollen, eine mit Backpapier ausgelegte 28-cm-Springform damit auslegen und im vorgeheizten Backofen bei 180 °C Umluft 20 Minuten backen. Anschließend auskühlen lassen.

### FÜLLUNG:
300 ml Schlagsahne
200 ml Milch
2 Pck. Vanille-Puddingpulver
3 Eier
150 g Zucker
Saft 1 Zitrone
1 kg Quark
125 g Joghurt
500 g Mohnmasse

Sahne, Milch und Puddingpulver glatt rühren. Eier und Zucker schaumig schlagen. Zitronensaft, Quark und Joghurt dazugeben. Die Sahne-Pudding-Flüssigkeit bei leichtem Rühren hinzugeben bis die Masse glatt ist. Käsemasse auf dem Mürbeteig verteilen. Mohnmasse mit etwas Wasser glatt rühren so dass sie zähflüssig ist und kreisförmig in der Käsemasse versinken lassen. Anschließend bei 180 °C Umluft ca. 60 Minuten auf mittlerer Schiene backen. Nach ca. 40 Minuten mit Backpapier abdecken damit der Kuchen nicht zuviel Farbe bekommt.

# Baileys Krokant

## MIT FRIESISCHEM KAFFEEKUCHENBODEN

### RÜHRTEIG:
3 kl. Eier, getrennt
250 g Zucker
125 g Butter
200 g Mehl
½ TL Backpulver
70 g gehobelte Mandeln
1 gehäufter EL Kakaopulver
70 ml sehr starker Mokka
50 ml Baileys

Eigelb und 125 g Zucker schaumig rühren. Eiweiß mit dem restlichen Zucker steif schlagen. Butter zerlassen und abkühlen lassen. Mehl, Backpulver, Mandeln und Kakao vermischen. Eigelbmasse zum Eischnee geben und die Mehl-Mandel-Mischung unterrühren. Mokka mit der flüssigen Butter vermengen und unterheben. Teig in eine mit Backpapier ausgelegte 28-cm-Springform füllen und im vorgeheizten Backofen bei 180 °C ca. 25 Minuten backen. Anschließend auskühlen lassen. Boden auf eine Tortenplatte setzen, mit einem Tortenring umlegen und mit Baileys beträufeln.

### FÜLLUNG:
30 g Nougat
150 ml Baileys
500 ml Schlagsahne
1 Pck. Sahnesteif
3 EL Krokant
3 EL Schokoraspel

Nougat leicht erwärmen, Nougat-Baileys-Flüssigkeit glatt rühren. Sahne mit Sahnesteif steif schlagen. 2 El Krokant, 2 EL Schokoraspel und die Nougat-Baileys-Flüssigkeit zusammen unterheben. Masse auf dem Boden verteilen und eine Stunde kalt stellen. Vor dem Servieren drum herum schneiden, den Ring entfernen und mit dem Teigschaber glatt strei-chen. Mit restlichem Krokant und Schokoraspel bestreuen. Ein Amrumer Rezept von einem alten Meister.

*Café Anna und Meehr*

Zwischen Flensburg und der weiten Ostsee im schönen Angeln liegt das romantische Fischerdorf Langballigau direkt an der Flensburger Förde. Hier betreiben Anna-Kathrin Schulke-Klenk und Christian Klenk das urgemütliche Café-Restaurant Anna & Meehr. Sie sind ein engagiertes und sympathisches Ehepaar. Die beiden lernten sich bei einem Konzert einer Santana-Cover-Band kennen, was auf die vielseitigen Begabungen Christians hinweist. Er ist

gelernter Schornsteinfeger und nebenbei Schlagzeuger. Den Beruf hängte er an den Nagel, als sich die beiden entschlossen, ein Café zu betreiben. Die Musik behielt er bei, sein geliebtes Hobby, das ihn ausgleicht. Annas Erfüllung ist das Laufen. Selbstverständlich läuft sie täglich die 15 km zur Arbeit.

Anna erzählt: „Ich bin gelernte Hauswirtschaftsmeisterin, was mir bei der Leitung des Cafés natürlich sehr hilft. Durch viele Arbeitsjahre in vorigen Betrieben ist mir bewusst geworden, dass man einen eigenen Betrieb nicht alleine führen sollte. Vielmehr gewonnen ist, diesen glücklich und gemeinsam zu führen, also zu zweit. Bei uns hat jeder seine eigenen Aufgabenbereiche, die ineinander übergehen. Täglich arbeiten wir Hand in Hand zusammen bei unterschiedlichen Angeboten wie Catering, Brunch, Gesellschaften und Tagesgeschäft."

„Ich backe natürlich alles selbst und habe ungefähr 40 Rezepte in meinem Repertoire. Unsere Renner sind die Buchweizentorte mit Rhabarber und Himbeeren sowie der Eierlikörkuchen mit Kirschen auf einem Schokoladenboden vom Blech. Für diese Kuchen reisen die Gäste von nah und fern an, wie sie selbst erzählen. Es ist uns auch

*Der Naturstrand lädt zu traumhaften Spaziergängen ein.*

wichtig zu erwähnen, dass unsere Kuchen mit weniger Zucker und nicht nur mit Sahne gebacken oder gefüllt werden. Außerdem ist immer ein veganer Kuchen, einer mit Dinkelmehl und eine glutenfreie Buchweizentorte dabei. Wer eine herzhafte Kleinigkeit essen möchte, findet auf unserer Karte das selbstgebackene Angeliter

*... aber süß muss sie sein!*

Vollkornbrot, etwas ganz Besonderes, eine leckere Suppe, Gemüse- oder Zwiebelkuchen. Abends bieten wir eine überschaubare Speisekarte mit größeren Gerichten, immer frisch und kreativ zubereitet. Und jetzt kommt's: Wir haben einen sehr netten Freund, den Fischer Klaus. Er fährt für uns mit seinem kleinen Kutter raus, fischt die Früchte des Meeres, macht an Bord alles küchenfertig und ruft dann kurz vorm Anlegen zu mir herüber: Anna, ich hab' Fische für dich. Die wollen vom Kutter direkt in deine Pfanne! – Geht es noch frischer?"

Die Naturidylle Langballigau gilt als Tor zur dänischen Inselwelt. Der Hafen beheimatet Fischkutter und Segelyachten, eine Augenweide, und der Naturstrand lädt zu traumhaften Spaziergängen ein. Danach heißt es dann im Café Anna & Meehr bei zauberhafter Bedienung und weitem Blick über die Förde: genießen, genießen, genießen! Herz, was willst du noch mehr?

*Ananas-Kokos-Kuchen*

# Ananas-Kokos-Kuchen

## VOM BLECH

### RÜHRTEIG:
3 Eier
160 g Zucker
100 g Pflanzenmargarine
150 ml Milch
100 ml Schlagsahne, flüssig
1 Pck. Backpulver
400 g Mehl

Eier, Zucker und Margarine schaumig schlagen. Milch, Sahne und Backpulver hinzugeben und mit 400 g Mehl zu einem geschmeidigen Rührteig verarbeiten. Anschließend auf ein gefettetes Kuchenblech geben, glatt streichen und bei 170 °C Umluft ca. 20 Minuten backen. Danach abkühlen lassen.

### BELAG 1:
500 g Magerquark
500 g Naturjoghurt
300 ml Schlagsahne, geschlagen
1 Pck. Vanillezucker
1 EL Zitronensaft
120 g Zucker
1 frische Ananas, in Stücke geschnitten

Quark, Joghurt und Sahne cremig rühren. Vanillezucker und Zitronensaft hinzugeben, mit Zucker süßen und auf dem Boden verstreichen. Oberfläche mit Ananasstücken belegen.

### BELAG 2:
100g Butter
100 g Zucker
150 g Kokosraspel

Zutaten in einer Pfanne anrösten und wenn diese abgekühlt sind, über die Ananas streuen.

# Quark-Mohn-Streusel

## VOM BLECH

### BODEN UND STREUSEL:

500 g Mehl
210 g Zucker
170 g weiche Margarine

Zutaten zu einem Streuselteig verarbeiten und ⅔ der Streuselmasse auf ein gefettetes Backblech geben und etwas andrücken. Den Rest beiseite stellen.

### MOHNMASSE:

1 kg Magerquark
4 Eier
200 g Zucker
1 Pck. Vanillezucker
150 g Margarine
1 Hand voll Rosinen
250 g Blaumohn
1 Pck. Vanille-Puddingpulver
1 Pck. Backpulver

Quark, Eier, Zucker, Vanillezucker, Margarine und Rosinen zu einer Masse verrühren. Blaumohn, Puddingpulver und Backpulver hinzugeben und alles gut vermengen. Eventuell mit Zitrone oder Vanille abschmecken und auf den Streuselboden streichen. Die restlichen Streusel in Flocken darüber streuen und bei 180 °C Umluft ca. 40 Minuten backen.

# Schokoladenschnitte

## VOM BLECH

### BODEN:
250 g Zwieback
250 g Nuss-Nougat-Creme

Zwieback mittelfein zerbröseln und in eine Schüssel geben. Nuss-Nougat-Creme im Wasserbad schmelzen, mit dem Zwieback vermengen, auf ein Backblech oder große Auflaufform streichen und im Kühlschrank hart werden lassen.

### BELAG:
200 g Doppelrahm-Frischkäse
500 ml Schlagsahne, geschlagen
200 g Magerquark

100 g Zucker
1 Pck. Vanillezucker
1 EL Zitronensaft

Frischkäse, Schlagsahne und Quark verrühren. Mit Zucker, Vanillezucker und Zitronensaft vermengen und auf dem Boden verstreichen.

### GARNITUR:
1 Pck. Schokoladenglasur

Schokoladenglasur im Beutel im Wasserbad schmelzen lassen (am besten Vollmilch) und über die Creme geben.
Vor dem Anschneiden ca. 5 Stunden in den Kühlschrank stellen.

# Gefüllte Nusstorte

## BISKUIT:

7 Eier
300 g Zucker
150 g Zartbitter-Schokolade, gehackt
300 g gem. Haselnüsse
60 g Mehl
1 Pck. Backpulver

Eier, Zucker und Schokolade schaumig rühren. Haselnüsse hinzugeben, Mehl und Backpulver unterrühren. Teig in eine mit Backpapier ausgelegte 28-cm-Springform geben, glattstreichen und bei 175 °C Umluft 60 Minuten backen. Danach gut auskühlen lassen. Boden auf eine Tortenplatte setzen und vom Rand her 1 cm einschneiden und aushöhlen. Die Krümel zerbröseln.

## FÜLLUNG:

4 EL Rum
400 ml Schlagsahne, geschlagen

Die ausgehöhlten Krümel mit Rum tränken und die Sahne unterheben. Masse zurück in den Kuchen füllen und glattstreichen.

## GARNITUR:

geschlagene Sahne
geriebene Schokolade
Krokant

Vor dem Servieren einige Stunden kühl stellen und durchziehen lassen. Ausgiebig mit Sahne, Schokolade und Krokant verzieren.

# Apfeltorte mit Holunderblütengelee

## REZEPT AUSREICHEND FÜR 2 TORTEN

### RÜHRTEIG:

4 Eier
1 Pck. Vanillezucker
200 g Zucker
100 ml Mineralwasser mit Kohlensäure
200 ml Milch
1 Pck. Backpulver
400 g Mehl
6 EL Holunderblütengelee

Eier, Vanillezucker und Zucker schaumig schlagen. Mineralwasser und Milch hinzugeben und alles mit Backpulver und Mehl zu einem geschmeidigen Teig verrühren. Anschließend in zwei gefettete 28-cm-Springformen streichen und bei 180 °C Umluft ca. 35 Minuten backen. Danach gut abkühlen lassen. Beide Tortenböden einmal waagerecht durchschneiden und je die untere Hälfte mit Holunderblütengelee bestreichen.

### CREME:

500 g Quark
200 ml Schlagsahne
200 g Zucker
Pck. Vanillezucker

Quark, Sahne, Zucker und Vanillezucker gut verrühren, auf die unteren Böden streichen und mit den oberen Deckeln belegen.

### GARNITUR:

200 ml Schlagsahne, geschlagen
150 g Apfelmus
2 EL Holunderblütengelee

Sahnerand aufspritzen und mit Apfelmus und Holunderblütengelee von der Mitte aus bis zum Sahnerand bestreichen.

# Johannisbeer-Himbeer-Schorle

1 kg frisch gepflückte
Johannisbeeren
400 g frische Himbeeren
Zucker nach Belieben
und Süßungsgrad

Johannisbeeren im Topf mit Wasser bedecken und aufkochen. Kochplatte ausschalten und die Himbeeren hinzufügen. Alles abkühlen und durchziehen lassen. Das Johannisbeer-Himbeergemisch in ein Sieb schütten und den gewonnenen Saft auffangen. Saft anschließend Aufkochen lassen und so viel Zucker hinzufügen, dass eine entsprechende Süße da ist. Heiß in Gläser füllen, gut verschließen und somit konservieren.

Café Frida

Auf dem Weg nach Sylt sollte man unbedingt in der kleinen Stadt Bredstedt in Nordfriesland Halt machen und im Café Frida Kaffee und Kuchen genießen und, wenn es die Zeit erlaubt, auch noch ein paar Tage in den zauberhaften Zimmern oder Suiten im Hotel Frida Ferien machen. Bredstedt, ein Marktflecken, der schon von Klaus Groth beschrieben wird, ist auch wegen des Stollbergs, in diesem Flachland eine stolze Erhebung von 44 Metern, bekannt. Wegen des Handels und Wandels in Bredstedt, Mittelpunkt des nordfriesischen Schweinemarktes, brauchte man in früheren Zeiten so genannte Ausspanne, Gaststätten mit Übernachtungsmöglichkeiten und Unterbringung für Pferde und Wagen. Solch ein Ausspann direkt

*Die sonnendurchflutete Terrasse im Hofgarten lädt zum Klönschnack bei Kaffee und Kuchen ein.*

*Das Gebäude war immer schon ein Gasthof: früher ein so genannter „Utspann", wo die Pferde ausgespannt wurden und die Mitreisenden sich verköstigen konnten.*

am Markt beherbergt heute das Café Frida mit Frühstücksbuffet und Hotel. Schönheit und Attraktivität ist das, was den Besitzern sehr am Herzen liegt. Die Besitzer – das sind Elke Lorenzen und ihr Sohn Fabian – sie gelernte Serviceleiterin und er eigentlich Politikwissenschaftler, der seine Liebe zum Backen zum Beruf machte. Dieses Haus mit seiner traumhaften historischen Kachelstube – es handelt sich um 3000 handbemalte Harlinger Fliesen, die ältesten stammen aus dem 18. Jahrhundert und stehen unter Denkmalschutz – und das gesamte Flair des Inneren des Hauses hatte es den beiden angetan. Hinzu kam Elkes Liebe zu den Werken der weltberühmten mexikanischen Malerin Frida Kahlo, die sie leidenschaftlich sammelt und im Café ausstellt. Ihr zu Ehren gab sie dem Café auch den Namen Café Frida. Das Café mit seinen antiken Möbeln und die Räumlichkeiten des Hotels, die einen ländlichen englischen Touch haben, zeugen von dem sicheren Geschmack der beiden Besitzer. Dann gibt es noch den Salon als zweiten Raum. Er wird den Gästen für geschlossene Gesellschaften bis zu 20 Personen angeboten. Hier können in intimer Atmosphäre Hochzeiten, Konfirmationen, Geburtstage und Jubiläen gefeiert werden, wobei spezielle Menüwünsche von Fabian gerne umgesetzt werden. Nicht zu vergessen ist die sonnendurchflutete Terrasse im Innenhof des Hauses, die natürlich im Sommer sehr beliebt ist. Der lukullische Wohlgeschmack aus der Backstube ist ein Werk Fabians, der mit Hingabe die Torten und Backwaren kreiert. Die historischen

Rezepte Nordfrieslands liegen ihm genauso am Herzen wie seine Rezeptsammlung eigener Spezialitäten. Sein kleines, geheimes Rezeptbüchlein ist legendär. Er verfügt wahrlich über ein feines Händchen für Kuchen und Torten aller Art. Täglich wechselt das Angebot zwischen Pharisäer-, Trümmer- und Eierlikörtorte bis zu saisonalen Fruchtkuchen und –torten wie Fridas Himbeertorte und Gerdas Apfeltraum, um nur einige Beispiele zu nennen. „Alles wird frisch zubereitet, künstliche Zusatzstoffe sind tabu", versichert der Backstubenchef.

Am Ende eines langen Arbeitstages hatte unsere kleine Crew, die für diese Buchreihe verantwortlich ist, das Gefühl, zwei ganz besondere Menschen kennengelernt und in unser Herz geschlossen zu haben – und überhaupt: „Alle lieben Fabian!"

*Kaffeestube mit historischen Harlinger Kacheln aus dem 18. Jahrhundert und Gemälden von Frida Kahlo.*

*Gerdas Apfeltraum*

CAFÉ FRIDA

# Gerdas Apfeltraum

## BISKUIT:

3 Eier, getrennt
100 g Zucker
50 g Mehl
½ Pck. Backpulver
50 g Speisestärke

Eiweiß und Zucker schaumig schlagen. Eigelb unterheben. Mehl, Backpulver und Speisestärke vermischen, darübersieben und unterheben. Teig in eine mit Backpapier ausgelegte 26-cm-Springform füllen und im vorgeheizten Backofen bei 160 °C Umluft 20 Minuten backen. Anschließend auskühlen lassen. Boden auf eine Tortenplatte setzen und mit einem Tortenring umlegen.

## FÜLLUNG:

500 ml Apfelsaft, naturtrüb
2 Eier
100 g Zucker
70 g Vanille-Puddingpulver
50 g Butter
5 Äpfel, geraspelt
500 ml Schlagsahne, geschlagen

Apfelsaft, Eier, Zucker und Puddingpulver glattrühren und aufkochen. Topf vom Herd nehmen und die Butter unterrühren, bis sie geschmolzen ist, danach die Äpfel unterheben. Masse auf den fertigen Boden geben und ca. zwei Stunden im Kühlschrank auskühlen lassen. Anschließend die Sahne auf der Apfelfüllung verstreichen und mit Apfelspalten garnieren.

## TIPP:

Apfelspalten vorher in Zitronensaft legen, damit sie nicht braun werden.
Den Rand mit gehobelten, gerösteten Mandeln verzieren.

# Fridas Himbeertorte

## BODEN:

200 g Löffelbiskuits, zerdrückt
100 g Butter, flüssig

Löffelbiskuits und Butter vermischen und in eine 26-cm-Springform drücken.

## FÜLLUNG:

7 Blatt Gelatine
500 g Himbeerjoghurt
300 ml Schlagsahne
3 EL Zucker
200 g Himbeeren

Gelatine 10 Minuten in kaltem Wasser einweichen, danach gut ausdrücken. Anschließend in einem Topf bei geringer Hitze erwärmen bis sie sich aufgelöst hat und mit dem Joghurt verrühren. Sahne mit dem Zucker steif schlagen und unter den Joghurt heben. Zum Schluss die Himbeeren hinzugeben. Die Masse auf dem Löffelbiskuitboden verstreichen und ca. zwei Stunden kalt stellen.

## FRUCHTSPIEGEL:

2 Pck. Tortenguss, rot
200 g Himbeeren, püriert

geschlagene Sahne zum Dekorieren

Tortenguss mit 250 ml Wasser herstellen, Himbeeren untermischen und die Masse auf die fertige Torte geben. Mit Sahneklecksen dekorieren.

## Pharisäertorte

### BISKUIT:

6 Eier, getrennt
200 g Zucker
100 g Mehl
1 TL Backpulver
100 g Speisestärke
2 EL Kaffeepulver, löslich

Eiweiß und Zucker schaumig schlagen. Eigelb unterheben. Mehl, Backpulver, Speisestärke und Kaffeepulver vermischen, darübersieben und unterheben. Teig in eine mit Backpapier ausge-legte 26-cm-Springform füllen und im vorge-heizten Backofen bei 160 °C Umluft 35 Minuten backen. Anschließend auskühlen lassen. Boden auf eine Tortenplatte setzen, zweimal waage-recht durchschneiden und den unteren Boden mit einem Tortenring umlegen.

### FÜLLUNG:

3 Blatt Gelatine
2 EL Kaffeepulver, löslich
2 EL Rum
600 ml Schlagsahne, geschlagen
3 EL Waldfruchtmarmelade

## Amarettini

2 Eiweiß
100 g Zucker
200 g Mandeln, gemahlen
2 EL Amaretto

Eiweiß und Zucker schaumig schlagen. Mandeln unterheben und den Amaretto einrühren. Mit Hilfe von zwei Teelöffeln kleine Kugeln formen und auf ein mit Backpapier belegtes Backblech setzen. Im vorgeheizten Backofen bei 150 °C Umluft 15 Minuten abbacken und danach noch eine Stunde im geschlossenen Ofen lassen.

Rum zum Beträufeln
Schokoraspel

Gelatine in kaltem Wasser einweichen. Kaffeepulver und Rum glattrühren und erwärmen. Topf vom Herd nehmen und die gut ausgedrückte Gelatine darin auflösen. Flüssigkeit unter die Sahne heben (ein paar Löffel für den oberen Boden beiseite stellen). Den unteren Boden mit Marmelade bestreichen. Restliche Böden mit Rum beträufeln und schichtweise mit der Kaffeesahne füllen. Restliche Sahne auf dem Deckel und Rand glattstreichen und mit geraspelter Schokolade verzieren.

# Schwarz-weiße Erdbeertorte

### BISKUIT:
3 Eier, getrennt
100 g Zucker
50 g Mehl
1 TL Backpulver
50 g Speisestärke
10 g Kakaopulver

Eiweiß und Zucker schaumig schlagen. Eigelb unterheben. Mehl, Backpulver, Speisestärke und Kakao vermischen, darübersieben und unterheben. Teig in eine mit Backpapier ausgelegte 26-cm-Springform füllen und im vorgeheizten Backofen bei 160 °C Umluft 20 Minuten backen. Anschließend auskühlen lassen. Boden auf eine Tortenplatte setzen, einmal waagerecht durchschneiden und den unteren Boden mit einem Tortenring umlegen.

### FÜLLUNG:
3 Blatt Gelatine
100 g Naturjoghurt
3 EL Amaretto
300 g Frischkäse

Gelatine 10 Minuten in kaltem Wasser einweichen, danach ausdrücken und in einem Topf bei geringer Hitze auflösen. Joghurt und Amaretto darin glattrühren. Die flüssige Masse mit dem Frischkäse verrühren und auf dem unteren Boden verteilen. Mit dem zweiten Boden belegen.

### FRUCHTSPIEGEL:
150 g Erdbeerkonfitüre
300–500 g Erdbeeren, halbiert
1 Pck. Tortenguss, rot

Konfitüre auf dem zweiten Boden verstreichen. Erdbeeren dekorativ darauf verteilen. Tortenguss nach Packungsanweisung zubereiten, auf die Erdbeeren geben und glattstreichen.
Die Torte lässt sich ausgezeichnet mit weißer Raspelschokolade verzieren.

# Weiße Trüffeltarte mit Himbeeren

### TARTETEIG:
100 g kalte Butter
70 g Puderzucker
200 g Mehl
2 EL gemahlene Mandeln
1 Ei
1 Prise Salz

Aus den Zutaten einen Tarteteig kneten, in Klarsichtfolie wickeln und ca. eine Stunde kalt stellen. Danach den Teig in eine 28-cm-Tarteform geben und mehrmals mit einer Gabel einstechen. Im vorgeheizten Backofen bei 160 °C Umluft blindbacken. Anschließend auskühlen lassen.

### FÜLLUNG:
140 ml Wasser
100 g Zucker
2 TL frischer Zitronensaft

### BLINDBACKEN
Die mit Teig ausgeschlagene Form mit Backpapier auslegen und mit getrockneten Hülsenfrüchten beschweren. So bleibt der Boden schön flach. Die Hülsenfrüchte kann man immer wieder zum Blindbacken verwenden!

3 EL Speisestärke
300 g TK-Himbeeren

100 ml Wasser mit Zucker und Zitronensaft aufkochen. Speisestärke mit 40 ml Wasser glattrühren und unter Rühren dazugeben. Nochmals aufkochen lassen, danach die Himbeeren unterheben. Masse auf dem Tarteteig verteilen.

### CREME:
200 ml Schlagsahne
100 g Butter
400 g weiße Schokolade, geraspelt

Sahne und Butter aufkochen, vom Herd nehmen und die Schokolade unterrühren, bis sie sich aufgelöst hat. Danach auf der Himbeerfüllung verteilen.

Scho'café

Café zu betreiben, und sie den Koch und Bäcker Antonio Decataldo kennenlernte, beschlossen beide, ihre Talente zusammenzuschmeißen. Es entstand dieses einmalige, mediterran-idyllische Scho'café, das viele neugierige Genießer anzieht. „Antonio und ich lernen immerzu voneinander, er als Koch, Bäcker und ständiger Rezepterfinder und ich als Modedesignerin, Möbel- und Geschirrliebhaberin." Sonja ist der eigentliche Mittelpunkt des Cafés. Sie ist Gastgeberin, Beraterin und der Liebling aller Gäste. Wenn wir bei unseren anderen Cafés immer auf die speziellen Torten und Kuchen eingehen, dürfen wir hier die Eyecatcher nicht vergessen, die die Herzen der Gäste höher schlagen lassen. Geschirr, Leuchter, Kissen, modische Kleider für verschiedene Anlässe, ausgefallene Schals, Schuhe und Handtaschen laden zum Stöbern ein. Antonios Einfluss ist mehr auf das Kulinarische ge-

Wedel mit seinen vielen Attraktionen liegt in dem so genannten Speckgürtel Hamburgs. Als eine Endstation der S-Bahn liegt es direkt an der Elbe. In der Mühlenstraße 44 finden wir ein ganz besonderes Café, ein wahres Kleinod. Hier wird nicht nur Kaffee, Kuchen, Frühstück und Brunch angeboten, sondern man kann auch alles, was in dem Café an Wohnaccessoires ausgestellt ist, kaufen und mitnehmen, und das kam so: Sonja Pimentel hat ein Faible für Möbel, Geschirr, Mode und folglich allen möglichen Kleinkram, den Frauen lieben, in ihr Café zum Verkauf mit eingebracht. Sie stammt aus Antwerpen in Belgien und besaß seit mehreren Jahren ein Bekleidungsgeschäft mit Wohnaccessoires in Wedel. Als ihr die ehemalige alte Stadtapotheke angeboten wurde, um darin ein

*In der behaglichen Atmosphäre fühlt man sich wie im eigenen Wohnzimmer. Wohnaccessoires geben dem Café eine besondere Note.*

richtet. Seine Torten, Kuchen und Speisen sind stark italienisch beeinflusst, besonders von seiner apulischen Heimat. Man kann wählen unter Torta della Nonna (Omis Kuchen), Torta Caprese (Mandel-Schokoladen-Torte) oder Cantucci, toskanische Kekse, die man nach alter Sitte in den berühmten toskanischen Vin Santo taucht. Das tägliche Angebot wechselt und sorgt so ständig für Überraschungen. Die kleine Mittagskarte des Cafés empfiehlt verschiedene Kleinigkeiten wie selbst gebackene Pizzen oder Focaccia-Variationen. Diese köstlichen Spezialitä-

ten kann man im Sommerhalbjahr in dem traumhaften Garten des Scho'cafés genießen, ein Wundergarten mitten in der Stadt. Zu kleinen Spaziergängen laden Sehenswürdigkeiten wie das Ernst-Barlach-Museum ein, weiterhin das Theaterschiff Batavia und Willkomm-Höft, die Schiffsbegrüßungsanlage, die mit Flaggen und Nationalhymnen die großen Pötte der Welt in Hamburg begrüßt und verabschiedet.
Wir haben die beiden, Sonja und Antonio, wirklich ins Herz geschlossen, und aus der Zusammenarbeit ist Freundschaft geworden.

*Profiteroles,
mit Vanillecreme
gefüllte kleine
Windbeutel*

# Profiteroles

## MIT VANILLECREME GEFÜLLTE KLEINE WINDBEUTEL

### ZUTATEN
### FÜR DIE WINDBEUTEL:
200 ml Wasser
100 g Butter
1 Prise Salz
130 g Mehl
4 Eier (M), Zimmertemperatur

Wasser, Butter und Salz in einen Topf geben und erhitzen. Sobald das Wasser anfängt zu kochen, den Topf vom Herd nehmen und das Mehl auf einen Schlag hinein geben. Mit einem Holzlöffel gut verrühren um die Bildung von Klumpen zu verhindern. Topf zurück auf den Herd stellen und auf niedrigster Stufe unter ständigem Rühren weiter kochen bis sich ein Teigkloss bildet und auf dem Topfboden ein weißer Film erscheint. Teig beiseite stellen und auf Zimmertemperatur abkühlen lassen.

Die Eier mit Hilfe von Knethaken eines Küchenmixers einzeln aufschlagen und nacheinander unter den Teig rühren. Jedes Ei muss erst gut mit dem Teig vermischt sein, bevor das nächste untergerührt wird. Kneten, bis der Teig eine kompakte, elastische und klebrige Masse erreicht hat.

Teig in einen Spritzbeutel mit einfacher Tülle füllen und kleine walnussgroße Häufchen auf ein mit Backpapier belegtes Backblech spritzen. Anschließend im vorgeheizten Backofen bei 200 °C 25 Minuten backen, bis sie eine goldbraune Farbe erreicht haben. Danach aus dem Backofen nehmen, mit einem Tuch abdecken und vollständig abkühlen lassen. In der Zwischenzeit die Schokoladen-Mousse bereiten.

### MOUSSE:
175 g Zartbitter-Schokolade
75 g Butter
5 Eier, getrennt, Zimmertemperatur
100 g Zucker

Schokolade zerbrechen und mit der Butter im Wasserbad schmelzen lassen. Eigelb mit 30 g Zucker cremig schlagen bis sich der Zucker aufgelöst hat. Eiweiß schlagen, sobald es anfängt zu schäumen langsam den restlichen Zucker hinein geben und schlagen bis eine kompakte, feste Masse entstanden ist.

Als erstes die geschmolzene Schokolade in die Eigelbmasse gießen und die beiden Komponenten mit Hilfe eines Holzlöffels miteinander vermischen. Danach den Eischnee löffelweise hinzugeben, vermischen bis sich alle Komponenten verbunden haben und eine weiche und luftige Masse entstanden ist. Anschließend in die Kühlung stellen. Mit der Mascarpone-Sahne-Creme fortfahren.

### MASCARPONE-SAHNE-CREME:
500 g Mascarpone
250 ml flüssige Sahne
250 g Puderzucker
Vanillearoma

Alle Zutaten in eine Schüssel geben und mit dem Mixer zu einer steifen Masse schlagen. Die Creme anschließend in einen Spritzbeutel mit kleiner feiner Tülle geben und die Windbeutel damit füllen, indem man ein kleines Loch in den Boden sticht und die Creme hinein spritzt. Anschließend in eine Schüssel legen, in der alle kleinen Windbeutel Platz haben.

Schokoladen-Mousse über die Windbeutel gießen und im Kühlschrank weitere 5 Stunden ruhen lassen.

# Tiramisu

6 Eier (M), getrennt
130 g Zucker
500 g Mascarpone
400 g Löffelbiskuits
Espresso-Kaffee zum Eintauchen
Kakaopulver und Puderzucker zum Bestreuen

Eigelb mit der Hälfte des Zuckers mit dem Handmixer auf hoher Stufe zu einer leicht cremigen Masse schlagen. Den Mascarpone hinzufügen und weiter mit dem Mixer schlagen bis alles zu einer cremigen kompakten Masse wird. Eiweiß schlagen bis es anfängt zu schäumen. Den restlichen Zucker nach und nach hinzugeben und zu festem Eischnee schlagen. Löffelweise unter die Mascarpone-Ei-Mischung heben und mit einem Holzlöffel vorsichtig verrühren bis alle Komponenten gut vermischt sind.

Den Boden einer rechteckigen Auflaufform, einzelner Weckgläser oder Schälchen mit etwas Creme einstreichen. Löffelbiskuits in Esspresso tauchen, gut abtropfen lassen und den Boden damit auslegen. Die Hälfte der Mascarpone-Zubereitung darauf verteilen und glatt streichen. Weitere getränkte Löffelbiskuits darauf geben und mit dem Rest der Mascarpone-Zubereitung bedecken und glatt streichen. Zum Schluss großzügig mit Kakao und Puderzucker bestreuen und für mehrere Stunden zugedeckt im Kühlschrank ruhen lassen. Vor dem Servieren mit gehackter Zartbitter-Schokolade und Beeren garnieren.

# Scho'café Latte

## 1 PERSON

Schokoladensirup um den Innenrand eines Latte Macchiato-Glases gießen und hinunter laufen lassen. Aufgeschäumte Milch in das Glas füllen und sofort einen Espresso hineingeben. Mit Kakaopulver oder Schokoraspel bestreuen.

## Apfel Tarte Tatin

BRISÉETEIG/QUARKTEIG:
250 g Mehl
125 g kalte Butter
½ TL Salz

90 ml kaltes Wasser
oder für den Quarkteig 120 g Quark und 1 Ei
70 g weiche Butter
150–200 g Zucker
900 g Äpfel, geschält und geviertelt
Puderzucker zum Bestäuben

Mehl, Butterstücke und Salz in eine Küchenmaschine geben und verquirlen bis die Mischung sandig ist. Teigkrümel anschließend auf einer Arbeitsfläche anhäufeln, eine Mulde hineindrücken und das Wasser oder Quark und Ei nach und nach hinzugeben und schnell verkneten, bis ein glatter Teig entsteht. Teig zu einer kreisförmigen Platte (1 cm dick) formen, in Folie wickeln und mindestens 30 Minuten im Kühlschrank ruhen lassen.

Boden und Rand einer 26–28 cm großen feuerfesten Form bzw. beschichteten oder gusseisernen Pfanne mit 70 g Butter auspinseln und die Hälfte des Zuckers darüber streuen. Apfelviertel mit der Wölbung nach unten hineinlegen. Die Zwischenräume mit Apfelspalten füllen – ruhig dicht an dicht legen und mit dem restlichen Zucker bestreuen. Anfangs zugedeckt bei mittlerer Hitze auf dem Herd einkochen. Die Äpfel geben Saft ab, der vollständig verdampfen muss. Auf niedriger Hitze weiter köcheln, bis der Karamell eine leicht goldbraune Farbe bekommen hat. Form oder Pfanne vom Herd nehmen. Teig mit einem Nudelholz auf die Größe der Form oder Pfanne ausrollen, auf die Äpfel legen und zum Dampfabzug mit einer Gabel Löcher hineinstechen. Tarte im vorgeheizten Backofen bei 175–200 °C ca. 30–35 Minuten backen, bis der Teig goldbraun ist. Anschließend einige Minuten ruhen lassen (nicht zu lange, denn sonst verfestigt sich der Karamell). Eine Kuchenplatte mit Backpapier belegen, auf die Form legen und stürzen. Falls einige Apfelstückchen in der Form bleiben, diese dann mit Hilfe eines Küchenspatels auf der Tarte arrangieren. Mit Puderzucker bestäuben.

TARTE TATIN ist ein traditioneller französischer Apfelkuchen, der meist als Dessert gereicht wird. Man kann ihn auch mit anderen Früchten wie Aprikosen oder Birnen zubereiten.

PÂTE BRISÉE ist die französische Version des Mürbeteigs.

# *Torta Caprese*

## MANDEL-SCHOKOLADEN-TORTE

### GLUTENFREI

175 g Zartbitter- oder weiße Schokolade
75 g Butter
300 g Mandeln
5 Eier (M), Zimmertemperatur
100 g Zucker

Schokolade mit der Butter bei niedriger Temperatur im Wasserbad schmelzen lassen. Mandeln in der Küchenmaschine grob mahlen.
Eier in zwei separaten Schüsseln sorgfältig trennen. Die Hälfte des Zuckers in das Eigelb geben und mit dem Rührgerät zu einer cremigen Masse schlagen bis sich der Zucker vollständig aufgelöst hat.

Eiweiß sehr steif schlagen und den restlichen Zucker dabei nach und nach einrieseln lassen bis sich daraus eine kompakte Baisermasse ergibt.
Eine 26-cm-Springform mit hohem Rand mit 10–15 g Butter einfetten, mit 2 EL der gemahlenen Mandeln bestreuen und sie über die gesamte Backform verteilen.
Schokolade mit einem Holzlöffel vorsichtig unter die Eigelb-Masse heben. Eischnee und Mandeln (bis auf 40 g) abwechselnd hinzufügen, rühren bis ein cremiger Teig entstanden ist und sich alle Komponenten verbunden haben. Teig in die Backform geben, mit restlichen 40 g Mandeln bestreuen und im vorgeheizten Backofen bei 180 °C ca. 25–30 Minuten backen.

# *Cantucci*

## MANDELKEKSE

250 g Mandeln
500 g Mehl
1 Prise Salz
15 g Backpulver
100 g weiche Butter
250 g Zucker
4 Eier
etwas Mandelaroma

Mandeln auf einem mit Backpapier ausgelegten Backblech gleichmäßig verteilen und im vorgeheizten Backofen bei 190 °C 3–4 Minuten rösten, danach abkühlen lassen.

Methode 1:
Mehl mit einer Prise Salz und Backpulver vermischen und auf einer Arbeitsfläche anhäufeln. In die Mitte eine Mulde drücken. Butter in Stücken hinzufügen. Mehl und Butter mit den Fingerspitzen vermischen bis die Mischung sandig aussieht. Zucker, Eier und Mandelaroma hinzugeben und mit den Händen zu einem glatten, weichen Teig verkneten. Im Anschluss Mandeln hineingeben und kneten bis sie gut untergemischt sind.

Methode 2:
Mehl, 1 Prise Salz, Backpulver und Butter in der Küchenmaschine vermischen bis die Mischung sandig aussieht. Mischung dann auf die Arbeitsfläche geben, anhäufeln und in die Mitte eine Mulde drücken. Zucker, Eier und Mandelaroma hinzugeben und alles miteinander verkneten bis der Teig elastisch und sehr weich ist. Im Anschluss Mandeln hineingeben und kneten bis sie gut untergemischt sind.

Den Teig mit feuchten Händen in 2–3 Portionen teilen und aus diesen Rollen formen (30 cm lang). Anschließend nebeneinander auf ein mit Backpapier ausgelegtes Bachblech legen. Im vorgeheizten Backofen bei 190 °C 20 Minuten backen. Danach ein paar Minuten abkühlen lassen. Die Rollen diagonal in 1–1,5 cm dicke Scheiben schneiden. Scheiben auf die Schnittfläche nebeneinander auf das Backblech legen und nochmals bei 170 °C ca. 10–15 Minuten backen. Danach abkühlen lassen und genießen.

CANTUCCI sind typisch toskanische Kekse und werden wie Zwieback doppelt gebacken, erst länglich und dann in Scheiben. Gerne reicht man sie zu dem berühmten toskanischen VIN SANTO, in den sie eingetaucht werden.

# Torta della Nonna

## GEBÄCKGEHÄUSE, GEFÜLLT MIT RICOTTA-VANILLEPUDDING

### PASTA FROLLA/MÜRBETEIG:

480 g Mehl
1 Pck. Backpulver
1 Prise Salz
200 g kalte Butter
200 g Zucker

Abrieb von 1 Zitrone, unbehandelt
Mark 1 Vanilleschote
2 Eier, 1 Eigelb

Mehl, Backpulver, Salz, Butter und Zucker in eine Küchenmaschine geben und rühren, bis die Mischung grob krümelig ist. Teigkrümel anschließend auf einer Arbeitsfläche anhäufeln und eine Mulde hineindrücken. Zitronenschale, Vanillemark und Eier nach und nach hinzugeben und schnell verkneten bis der Teig elastisch und ziemlich kompakt ist. Boden einer 26–28 cm Tarte-Form leicht mit Butter einfetten und mit Backpapier auslegen. Teig in zwei Teile teilen, die eine Hälfte zu einer kreisförmigen 5mm dicken Platte ausrollen. Tarte-Form damit auslegen und den Rand 2 cm hochziehen. Die zweite Teighälfte beiseitelegen und später als Deckel genauso ausrollen.

## CREMA PASTICCERA/ VANILLECREME:

1 l Milch
200 g Zucker
Abrieb von 1 Zitrone, unbehandelt
Mark 1 Vanilleschote
6 Eigelb
80 g Speisestärke
250 g Ricotta

2 Eigelb zum Bestreichen
80 g Pinienkerne oder Mandelstifte
Puderzucker zum Bestreuen

¾ l Milch mit der Hälfte des Zuckers, Zitronenschale und Vanillemark erhitzen. Eigelb mit dem restlichen Zucker mit dem Mixer zu einer cremigen Masse schlagen. Abwechselnd Speisestärke und restliche Milch hinzufügen bis alle Zutaten gut miteinander verbunden sind. Ei-Mischung in die heiße Milch geben, unter ständigem Rühren zum Kochen bringen bis ein dickcremiger Pudding entstanden ist. Creme in eine Schüssel geben, Klarsichtfolie auf den Pudding legen damit keine Haut entsteht und abkühlen lassen. Danach den Ricotta mit dem Schneebesen untermischen.

Creme auf dem unteren Mürbeteigboden gleichmäßig verteilen und mit dem zweiten Boden als Deckel belegen. Überschüssigen Teig mit dem Messer abschneiden und die Ränder zusammendrücken. Die Oberfläche mit Eigelb einpinseln und mit Pinienkernen oder Mandelstiften garnieren. Torte im vorgeheizten Backofen bei 175–180 °C 30–35 Minuten backen bis sie eine goldbraune Farbe hat. Nach dem Abkühlen mit Puderzucker bestreuen und sofort servieren.

TORTA DELLA NONNA (Omis Kuchen) ist eine traditionelle italienische Torte, bestehend aus einem Gebäckgehäuse, gefüllt mit einer Ricotta-Vanille-Pudding-Füllung.

Café Zollhaus

## CAFÉ ZOLLHAUS

Café Zollhaus ist unser nördlichstes Café. Es liegt in Rodenäs, einem kleinen Flecken an der dänischen Grenze, die nördlichste Gemeinde Deutschlands auf dem Festland bei Klanxbüll. Zugegeben, ein für viele meiner Leserinnen und Leser recht ausgedehnter Ausflug, aber er lohnt sich auf jeden Fall! Ausgefallene Attraktionen hat Rodenäs zu bieten: da wäre zunächst „Sort Sol", ist Dänisch und heißt übersetzt: schwarze Sonne. Ein geheimnisvoller Name, der erklärt werden muss. Er bezieht sich nämlich auf den Tanz der Stare. Im Frühjahr und Herbst sammeln sich hier die Stare zu Schwärmen, um weiter zu ziehen. Warum Rodenäs ein so magischer Anziehungspunkt für diese Vögel ist, wird wohl ein Geheimnis bleiben. Die Schwärme sind aber derart dicht, dass sich die Sonne verfinstert, daher „Sort Sol". Ein unvergessliches Erlebnis!

Für Radwanderer ist es ebenfalls etwas ganz Besonderes, auf dem Küstenradweg in die äußerste nordwestliche Ecke Schleswig-Holsteins Richtung Dänemark zu radeln, um sich dann in Maren Doses Café an ihren Torten und Kuchen zu laben. Zollhaus heißt ihr Café, das auch unmissverständlich ausdrückt, dass es sich an der dänischen Grenze befindet. 50 m entfernt am Grenzübergang Siltoft erinnert ein symbolischer rot/weißer Schlagbaum und ein Grenzhäuschen an die Zeit, als die Grenze nach Dänemark noch nicht offen war. Kurios damals: Ein Bauer, dessen Äcker in Dänemark lagen, dessen Hofauffahrt aber ins Deutsche Reich ragte, war dazu verdonnert, jedesmal, wenn er die Grenze passierte, mit einem ihm anvertrauten Schlüssel den Schlagbaum aufzuschließen und ihn nach Passieren wieder zu verschließen, was seiner Laune an schlechten Tagen wohl nicht gut tat, und man

*Großzügige windgeschützte Außenterrasse mit Blick in die nordfriesische Weite.*

*Die Vielzahl der Bücher können kostenlos entnommen werden und nach der Lektüre zurückgegeben oder auch behalten werden.*

sagt, er habe dieses Gebot so manches Mal missachtet.

Maren Dose, eine echte Nordfriesin, in Wester-Ohrstedt geboren, hatte vor dreißig Jahren eigentlich Krankenschwester gelernt – hier wiederholt sich, wie so oft, die Geschichte der engagierten Cafébesitzerinnen, deren Fernziel es ist, einmal etwas Eigenes zu haben und mit ihrer schöpferischen Begabung in Sachen Torten und Kuchen sowie liebevoller Bedienung die Wünsche ihrer erwartungsvollen Gäste zu erfüllen. Maren konnte dieses Café also 2011 pachten und mit ihren Kindern Lars und Svenja nach einer Nacht Bedenkzeit eröffnen. Es wurde sofort mit Elan losgelegt in diesem wunderbaren Ausflugsziel mit 40 Innenplätzen und 30 Plätzen auf der gemütlichen Terrasse mit traumhaftem Ausblick und der tägliche Betrieb sowie die besonderen Events, Geburtstage, Konfirmationen, Taufen, Familienfeste u.s.w. begannen. Nicht nur die einmalige Lage ist die Attraktion, sondern auch die köstlichen Torten und Kuchen locken die Gäste von nah und fern. Maren backt alles selbst, was sie schon in früher Kindheit sozusagen mit ihrer Oma geübt hatte. Ca. 40 Torten und Kuchen hat sie in ihrem Repertoire, die sich natürlich im Sommer und Winter unterscheiden. Im

Sommer erfreut man sich an den frischen Früchten und Beeren, und im Winter streicheln Schokolade, Nüsse und Marzipan den Gaumen. „Mein absolutes Highlight ist die Trümmertorte!" begeistert sich Maren, „sie darf im Sommer wie im Winter niemals fehlen. Meine besonderen Events im Winter sind die Fondue-Abende und mein dänisches „Julefrokost", ein kalt-warmes Buffet mit traditonellen dänischen Weihnachtsgerichten. Weitere Highlights sind die Adventssonntage mit Brunch und Ostern können die Gäste ein opulentes Osterfrühstück genießen. In Zusammenarbeit mit der Kulturstation, die sich auch in diesem Hause befindet, werden auch Lesungen, Konzerte und Ausstellungen veranstaltet."

Ähnlich wie beim Null-Meridian in London-Greenwich machen sich die Gäste einen Spaß daraus, sich am historischen Grenzposten mit einem Bein in Dänemark und mit dem anderen Bein in Deutschland zu fotografieren. Maren Dose und ihre Crew stehen mit beiden Beinen auf festem Boden, ganz zum Wohle ihrer begeisterten Gäste.

*Grenzstein am Grenzübergang Siltoft, der Westlichste an der deutsch-dänischen Grenze.*

*Sanddorn-*
*Dinkel-Torte*

121

# Sanddorn-Dinkel-Torte

### BISKUIT:
5 Eier
150 g Zucker
125 g Dinkelmehl
1 Pck. Vanille-Puddingpulver
1 ½ TL Backpulver

Eier und Zucker in der Küchenmaschine ca. 10 Minuten schaumig schlagen. Restliche Zutaten vermischen und unterheben. Teig in eine gefettete 28-cm-Springform füllen und im vorgeheizten Backofen bei 170 °C Umluft ca. 25 Minuten backen. Anschließend auskühlen lassen. Boden auf eine Tortenplatte setzen und einmal waagerecht durchschneiden. Den unteren Boden mit einem Tortenring umlegen. Zweiten Boden für eine weitere Torte verwenden oder einfrieren.

### FÜLLUNG:
400 ml Schlagsahne
400 g Schmand
Saft von 1 Zitrone
200 g Gelierzucker
3 EL Sanddornmarmelade

Sahne steif schlagen. Schmand, Zitronensaft und Gelierzucker vermischen und die Sahne unterheben. Masse auf dem Boden verstreichen. Sanddornmarmelade klecksweise darauf verteilen und mit einer Gabel unterheben damit ein Marmormuster entsteht. Über Nacht in den Kühlschrank stellen.

### SPIEGEL:
300 ml Sanddornsaft
100 ml Orangensaft
Zucker nach Geschmack
2 Pck. Tortenguss, hell
Physalis
2 EL Pistazien, gehackt

Säfte mit Zucker und Tortenguss nach Packungsanweisung kochen und über die Sahne-Schmandmasse geben. Anschließend 1 Stunde in die Kühlung stellen. Tortenring entfernen, mit Physalis-Früchten garnieren und mit Pistazien bestreuen.

# Tricolor

## 1 PERSON

4 cl Eierlikör
220 ml Cappuccino

Eierlikör in ein hohes Glas füllen und den schaumigen Cappuccino vorsichtig darauf laufen lassen.

# Mohntorte

### RÜHRTEIG:
125 g Butter
100 g Zucker
200 g Mehl
1 Pck. Backpulver
1 Pck. Vanillezucker
1 Ei
1 EL Milch

Aus den Zutaten einen Rührteig herstellen und in eine gefettete 28-cm-Springform füllen.

### BELAG:
500 ml Milch
1 Pck. Vanille-Puddingpulver
500 g Backmohn
400 g Schmand
3 Eier, getrennt
100 g Puderzucker

Etwas Milch mit dem Puddingpulver verrühren und mit der übrigen Milch nach Packungsanweisung aufkochen.

Mohn und 200 g Schmand verrühren und unter den Pudding geben. Masse auf dem Teig verteilen und im vorgeheizten Backofen bei 175 °C Umluft ca. 40 Minuten backen.

In der Zwischenzeit das Eigelb mit dem Puderzucker schlagen und mit dem restlichen Schmand vermengen. Eiweiß steif schlagen und unterheben. Masse auf dem Kuchen verteilen und weitere 15–20 Minuten backen bis er goldgelb ist. Anschließend auskühlen lassen.

### DEKORATION:
300 ml Schlagsahne, geschlagen
2 EL Pistazien, gehackt

Sahne auf dem Kuchen verteilen und mit Pistazien bestreuen.

# Erdbeer-Joghurtstäbchen-Torte

## GLUTENFREI

**TEIG:**
6 Eier
120 g Zucker
100 g gem. Mandeln

100 g Schokoraspel, zartbitter
1 EL Speisestärke
1 TL Backpulver

Eier und Zucker in der Küchenmaschine ca. 10 Minuten schaumig schlagen. Restliche Zutaten vermischen und unter den Eischaum geben. Teig in eine gefettete 28-cm-Springform geben und im vorgeheizten Backofen bei 175 °C Umluft 35 Minuten backen. In der Form auskühlen lassen. Der Boden fällt in der Mitte etwas ein, das ist aber erwünscht.

100 g Zartbitter-Kuvertüre
12 g Kokosfett
60 ml Schlagsahne

Kuvertüre und Kokosfett über dem Wasserbad schmelzen, danach die Sahne unter Rühren dazugeben. Masse auf dem Boden verstreichen und fest werden lassen.

### FÜLLUNG:
500 g Erdbeeren
1 Pck. Tortenguss, rot
80 ml Erdbeersirup
500 ml Schlagsahne
100 g Schokoladen-Joghurtstäbchen
Schokoflocken und Zitronenmelisse zum Verzieren

Erdbeeren waschen, putzen, halbieren oder vierteln. Einige zum Garnieren beiseite legen. Restliche Erdbeeren auf dem Tortenboden verteilen. Tortenguss mit Wasser und Sirup nach Anleitung zubereiten, über die Erdbeeren geben und fest werden lassen.
Schlagsahne steif schlagen. Schokoladen-Joghurtstäbchen, bis auf eine kleine Menge zum Verzieren, klein hacken und unter die Sahne heben. Sahne auf die Erdbeeren streichen und mit Erdbeeren, Melisse und restlicher Schokolade verzieren.

# Schwedentorte

### BISKUIT:
5 Eier
2 Eigelb
120 g Zucker
100 g Mehl
1 Pck. Vanille-Puddingpulver
2–3 EL Kakaopulver
1 TL Backpulver

Eier und Eigelb mit dem Zucker schaumig schlagen. Mehl, Puddingpulver, Kakao und Backpulver vermischen und unterrühren. Teig in eine gefettete 28-cm-Springform füllen und im vorgeheizten Backofen bei 160 °C Umluft ca. 12 Minuten backen.

### BAISER:
2 Eiweiß
100 g Zucker

Eiweiß und Zucker steif schlagen. Eischnee auf dem Teig verteilen, den Rand frei lassen und weitere 18 Minuten backen. Anschließend auskühlen lassen. Boden auf eine Tortenplatte setzen und einmal waagerecht durchschneiden.

### FÜLLUNG:
450 g Apfelmus
1 Pck. Paradiescreme, Vanille
Saft einer ½ Zitrone

Zutaten miteinander vermengen und die Masse auf dem unteren Boden verstreichen. Danach 1 Stunde in den Kühlschrank stellen.

500 ml Schlagsahne, geschlagen
150 ml Eierlikör

Sahne auf dem Apfelmus verteilen, mit einem Löffel Vertiefungen in die Sahne drücken und mit Eierlikör füllen. Den Baiserboden vorsichtig darauf setzen.

# Schwarzbrottorte

### TEIG:
6 Eier
200 g Zucker
200 g Schwarzbrot, gerieben
100 g gem. Mandeln
1 Pck. Schokoladen-Puddingpulver
½ Pck. Backpulver

Eier und Zucker in der Küchenmaschine ca. 10 Minuten schaumig schlagen. Restliche Zutaten vermischen und vorsichtig unter die Eischaummasse geben. Teig in eine gefettete 28-cm-Springform füllen und im vorgeheizten Backofen bei 170 °C Umluft ca. 40–45 Minuten backen. Danach abkühlen lassen. Der Boden fällt in der Mitte etwas ein, das ist aber erwünscht.

100 g Zartbitter-Kuvertüre
12 g Kokosfett
60 ml Schlagsahne

Kuvertüre und Kokosfett über dem Wasserbad schmelzen. Sahne unter Rühren dazugeben. Masse auf dem Boden verstreichen und fest werden lassen

### FÜLLUNG:
400 ml Schlagsahne
150 g Zartbitter-Kuvertüre

Sahne und zerkleinerte Kuvertüre einen Tag zuvor erhitzen, schmelzen lassen und über Nacht in den Kühlschrank stellen. Am nächsten Tag steif schlagen.

3 Bananen
100 ml Wasser
100 ml Apfelsaft
1 Pck. Tortenguss, hell
300 ml Schlagsahne, geschlagen
Eierlikör und Schokosoße zum Garnieren

Bananen in Scheiben schneiden und in der Mulde des Bodens verteilen. Wasser und Apfelsaft vermischen, aufkochen und mit dem Tortenguss nach Anleitung andicken. Anschließend über die Bananen geben und abkühlen lassen. Aufgeschlagene Schokosahne darauf verteilen. Restliche Sahne auf der Schokosahne verstreichen und mit einem Löffel Wellen hineindrücken. Mit Eierlikör und Schokosoße verzieren.

*Café Ehrgarten*

*Im Haupthaus kann man ausgefallene Accessoires für Haus und Garten erwerben.*

An der romantischen Bundesstraße 432 bei Bad Segeberg liegt der kleine Ort Quaal. Hier finden wir das einmalige Café Ehrgarten des Ehepaares Höppner-Rohder. Die Seele des Betriebes ist Eike, von deren Initialen Eike Höppner-Rohder, EHR, sich der Name Ehrgarten ableitet. Ihr traumhafter Garten, eine der schönsten Anlagen in Schleswig-Holstein, ist wirklich sehenswert.

Aber von vorn: Eike ist staatlich geprüfte Wirtschafterin, heiratete den Landwirt Wolfgang und arbeitete in dessen Betrieb viele Jahre mit. Nebenbei legte sie nach und nach mit viel Liebe einen Englischen Garten an. Als ein Stallgebäude eines Tages abbrannte, entschlossen sich die beiden, die Landwirtschaft aufzugeben und in ihrem Wohnhaus einen Laden für Wohn- und Gartenaccessoires einzurichten. Das verbliebene Stallgebäude wurde umgebaut, und darin entstand das gemütliche und stilvolle Café Ehrgarten, welches dann am 1. Oktober 2006 eröffnet wurde. Dabei stand ihnen die Tochter Ines Pape, eine Innenarchitektin, mit viel Gefühl für Design zur Seite. Das Stallgebäude blieb dabei äußerlich unverändert, um das Bäuerliche zu erhalten, während die Innenräume aber wirklich modern, edel und stilvoll wurden.

Die Gäste werden zu einer Führung durch den traumhaften Garten eingeladen an Hunderten von Rosen vorbei zum Lieblingsplätzchen, einer romantischen Steinbank, unter einem alten Birnbaum. Hier kann auch der Tee und die hausgemachte Stachelbeer-Baiser-Torte, die Spezialität des Hauses, serviert werden. Sie darf nie fehlen, denn dafür kommen viele Gäste von weit her extra angereist. Der Garten bietet Platz für 70 Gäste. Weiter führt der romantische Spaziergang durch den 5000 m² großen Garten mit seinem Rosenlaubengang, dem Naturteich, dem mit Rosen und Clematis berankten Pavillon und den vielen weiteren lauschigen Sitzplätzen von Sehenswürdigkeit zu Sehenswürdigkeit.

Schließlich im Café mit 70 Sitzplätzen angekommen, kann das wahre Schlemmen beginnen, wo Eikes berühmte Ehrgarten-Rosentorte und viele andere hausgemachte und selbst kreierte Torten und Kuchen einladen. Das Ehrgarten-Café ist von Februar bis Jahresende geöffnet, zunächst nur am Wochenende, dann ganzwöchig außer montags und dienstags. Es kann natürlich auch für Feiern und Empfänge gebucht werden, und einmal im Monat gibt es den beliebten Brunch mit einer speziellen Suppe, kreiert vom Hausherren Wolfgang. Immer wird auch der selbstgemachte Flammkuchen angeboten für Gäste, die nicht unbedingt auf Süßes stehen. Viele nehmen auch von den stilvollen Wohnaccessoires einiges mit nach Hause, um ihr eigenes Heim romantischer zu gestalten.

„Wir beide steuern den ganzen Betrieb zusammen und sind ein reiner Familienbetrieb. Nicht zu vergessen meine Gärtnerin, das ist meine Schwiegermutter Carla Höppner-Rohder. Sie ist 83 Jahre alt und hält den ganzen Garten sauber."

Der in Schleswig-Holstein schon sehr bekannte Ehrgarten und das gemütliche, dazugehörige Ehrgarten-Café sind das absolute Ausflugsziel im Kreis Segeberg.

# Eiskaffee-Sahne-Torte

### BISKUIT:
6 Eigelb
150 g Zucker
150 g gem. Mandeln
3 EL Paniermehl
1 Pck. Backpulver
6 Eiweiß
50 g Schokostreusel

Eigelb und Zucker cremig schlagen. Mandeln, Paniermehl und Backpulver vermischen und unterrühren. Eiweiß steif schlagen und mit den Schokostreusel unterheben. Teig in eine mit Backpapier ausgelegte 26-cm-Springform füllen und im vorgeheizten Backofen bei 175 °C Umluft 35–40 Minuten backen. Danach gut auskühlen lassen, auf eine Tortenplatte setzen und vom oberen Teil des Bodens waagerecht eine 1 cm dicke Schicht abschneiden und zerbröseln. Den unteren Boden mit einem Tortenring umlegen.

### FÜLLUNG:

750 ml Schlagsahne
3 Pck. Sahnesteif
2 Pck. Vanillezucker
8 gehäufte EL Eiskaffeepulver

Sahne mit Sahnesteif und Vanillezucker steif schlagen. Eiskaffeepulver unter die Sahne mischen und auf dem Tortenboden verstreichen. Teigbrösel auf die Kaffee-Sahne streuen und die Torte zwei Stunden einfrieren.

### GARNITUR:
1 EL Schokostreusel
1 EL Puderzucker

Schokostreusel und Puderzucker vermischen und auf die Torte streuen.

# Kirsch-Streusel vom Blech

### RÜHRTEIG:
250 g Margarine
250 g Zucker
4 Eier
250 g Mehl
1 TL Backpulver

1 kg TK-Kirschen

Margarine und Zucker schaumig rühren. Eier nacheinander hinzugeben und unterrühren. Mehl und Backpulver vermischen, darübersieben und unterheben. Teig auf einem Kuchenblech verstreichen. Kirschen aufgetaut auf dem Teig verteilen.

### STREUSEL:
400 g Mehl
250 g Butter
250 g Zucker
1 TL Zimt

Mehl, Butter, Zucker und Zimt mit dem Knethaken zu Streusel verarbeiten und auf die Kirschen streuen. Im vorgeheizten Backofen bei 160 °C Umluft 45 Minuten backen.

*Ehrgarten*
*Rosentorte*

BISKUIT:
80 g weiche Butter
100 g Zucker
1 Pck. Vanillezucker
6 Eier, getrennt

2 TL Backpulver
200 g gem. Haselnüsse
100 g Raspelschokolade
50 ml Eierlikör
1 Prise Salz

Butter, Zucker und Vanillezucker mit dem Mixer cremig rühren. Eigelb einzeln unterrühren. Restliche Zutaten vorsichtig unterheben. 50 ml Eierlikör hinzufügen. Eiweiß mit einer Prise Salz steif schlagen und unterheben. Teig in eine mit Backpapier ausgelegte 28-cm-Springform füllen und im vorgeheizten Backofen bei 160 °C Umluft 30–35 Minuten backen. Danach gut auskühlen lassen. Boden auf eine Tortenplatte setzen und einmal waagerecht durchschneiden. Den unteren Boden mit einem Tortenring umlegen.

### FÜLLUNG:
1 Dose Aprikosen (480 g Abtropfgewicht)
4 Blatt Gelatine, weiß
100 ml Eierlikör
400 ml Schlagsahne, geschlagen
1 Pck. Vanillezucker

Aprikosen abtropfen lassen, dabei Saft auffangen, Früchte würfeln. Gelatine in 6 EL Aprikosensaft auflösen und mit dem Eierlikör unter die gesüßte Sahne rühren. Aprikosen unterheben. Aprikosensahne auf dem unteren Boden verteilen und mit dem zweiten Boden belegen.

### GARNITUR:
150 ml Schlagsahne, geschlagen
1 Blatt Gelatine, weiß
100 ml Eierlikör
Rosenblütenblätter, ungespritzt
Minzeblättchen.

Sahne auf der Oberfläche des Bodens verteilen und mit einem Esslöffel Vertiefungen hineindrücken. Gelatine in etwas Aprikosensaft auflösen, mit dem Eierlikör verrühren und in die Vertiefungen gießen. Mit Rosenblütenblättern und Minzeblättchen garnieren.

# Zitronentarte mit Baiserhaube

### MÜRBETEIG:
180 g Mehl
50 g Puderzucker
1 Eigelb
1 Prise Salz
Abrieb von 1 Zitrone, unbehandelt
100 g Butter

Alle Zutaten zu einem Teig verkneten und eine Stunde kühl stellen. Teig ausrollen – etwas für den Rand aufheben – und eine 28-cm-Springform damit auslegen. Mehrmals mit einer Gabel einstechen und im vorgeheizten Backofen bei 160 °C Umluft 10 Minuten vorbacken.

### ZITRONENCREME:
125 g Butter
Abrieb von zwei Zitronen, unbehandelt
210 ml Zitronensaft
150 g Zucker
4 Eigelb
10 g Vanille-Puddingpulver

Butter im Topf zergehen lassen. Zitronenabrieb und -saft (210 ml sollten erreicht werden, ansonsten mit Orangensaft auffüllen) mit dem Zucker hinzufügen und verrühren. Eigelb gut verquirlen und unterrühren. Aufkochen und mit Puddingpulver andicken.

### BAISERHAUBE:
4 Eiweiß
1 Prise Salz
120 g Zucker

Eiweiß mit Salz steif schlagen. Zucker einrieseln lassen und weiter schlagen bis die Masse glänzt. Aus dem Rest Teig einen zwei cm hohen Rand formen, den Rand der Form damit auslegen und etwas hochziehen. Zitronencreme auf dem Teig verteilen und die Baisermasse auf die Creme streichen. Tarte weitere 15 Minuten bei 160 °C backen. Im Backofen etwas auskühlen lassen.

# Sanddorn-Orangen-Joghurt-Torte

### BISKUIT:
5 Eier, getrennt
160 g Zucker
1 Pck. Vanillezucker
140 g Mehl
40 g Speisestärke
1 Pck. Orangen Back

Eigelb, Zucker und Vanillezucker schaumig rühren. Mehl, Stärke und Orangen Back vermischen und mit dem Schneebesen unterheben. Teig in eine mit Backpapier ausgelegte 28-cm-Springform füllen und im vorgeheizten Backofen bei 175 °C Umluft 25 Minuten backen. Danach gut auskühlen lassen. Boden auf eine Tortenplatte setzen und zweimal waagerecht durchschneiden. Den unteren Boden mit einem Tortenring umlegen.

### FÜLLUNG:
500 g Joghurt
250 ml Sanddornsaft
150 ml Orangensaft
1 Pck. Orangen Back
250 g Zucker
2 EL Vanillezucker

Zutaten miteinander zu einer Joghurtcreme verrühren.

6 Blatt Gelatine
1 Schuss Orangensaft
300 ml Schlagsahne, geschlagen
2 D. Mandarinen (á 175 g Abtropfgewicht)
Sanddornmarmelade

Gelatine einweichen, ausdrücken, in etwas Orangensaft auflösen und unter die Joghurtcreme rühren. Sahne unterheben.

Mandarinen abtropfen lassen. Den unteren Boden mit ⅓ der Creme bestreichen und die Mandarinen darauf verteilen. Mit dem zweiten Boden belegen, mit Sanddornmarmelade bestreichen und ein weiteres ⅓ Creme darauf geben. Mit dem Deckel belegen und die ganze Torte mit der restlichen Creme einstreichen. Nach Belieben mit Sahnetupfen und Blüten verzieren.

# Apfel-Bienenstich-Torte

## MÜRBETEIG:

375 g Mehl
1 gestr. TL Backpulver
120 g Zucker
1 Ei
2 EL Wasser
180 g Butter
1 Prise Salz

Alle Zutaten zu einem Teig verkneten und eine Stunde kühl stellen.

Teig dritteln: ⅓ für den Boden, ⅓ für den Rand, ⅓ für den Deckel. Den Boden einer 28-cm-Springform mit dem Teig auslegen. Zweites Drittel Teig zu einer Rolle formen, innen um den Rand legen und hochziehen. Im vorgeheizten Backofen bei 150 °C Umluft 10 Minuten vorbacken. Drittes Drittel für den Deckel beiseite legen.

### FÜLLUNG:

1,5 kg Äpfel, gewürfelt
50 g Zucker
2 TL Zimt
50 g Butter
Rosinen nach Belieben

Äpfel mit Zucker, Zimt und Butter leicht dünsten. Danach auf dem vorgebackenen Teig verteilen. Den Deckel ausrollen, darüber legen und bei 150 °C Umluft 30 Minuten backen.

### GUSS:

100 g Butter
100 g Zucker
1 Pck. Vanillezucker
100 g Mandelblättchen
1–2 EL Milch

Für den Bienenstich Butter schmelzen und mit Zucker, Vanillezucker und Mandeln aufkochen. Milch einrühren und nochmals aufkochen. Den gekochten Bienenstich auf dem Deckel verstreichen und nochmals 25 Minuten bei 150 °C Umluft backen.

Café Sand am Meer

An der Ostseeküste, am nördlichen Rande der Schlei, liegt der malerische Fischerort Maasholm. Hier tickt die Zeit einfach anders. Fischerkaten mit den klassischen Rosenbüschen, historische Kahnstellen mit alten Schleikähnen und modernen Segeljachten begrüßen die Besucher. Bei einem Spaziergang „De Maas rund" ist das charmante Flair von Maasholm allgegen-

*Jachthafen in Maasholm.*

wärtig. Ob Urlaub oder Tagesausflug: Maasholm ist immer einen Besuch wert. Die temperamentvolle Besitzerin des Cafés Sand am Meer, Hanne Frahm, erzählt:

„Ich bin bei Schleswig geboren und das Letzte von 12 Geschwistern. Nach meiner Ausbildung als Hotelfachfrau spülte mich das Schicksal in das Café Sand am Meer an der wunderschönen Schlei, das ich dann 2003 von der Vorbesitzerin übernehmen konnte. Backen und Genießen ist mein Hobby, und ich mache darum alles selbst, ja, habe mich zu einer wirklichen Rezepterfinderin entwickelt. Jede Torte ist ein Unikat, und die Ausschmückungen obendrauf sind kleine Kunstwerke. Nie fehlen darf die Rhabarber-Baiser-Torte, die wirklich der Renner ist. Alle Torten richten sich nach den Früchten der Saison. Im Sommer verarbeite ich natürlich alle Früchte und Beeren der Jahreszeit. Im Winter prägen dann Schokolade, Marzipan und Nüsse meine Kreationen. Täglich biete ich eine unterschiedliche Auswahl an, denn ich habe 40 bis 50 verschiedene Torten und Kuchen in meinem Re-

pertoire. Am Wochenende befinden sich bis zu 20 verschiedene Sorten im Kuchentresen.

In den Innenräumen habe ich 45 Plätze und weiterhin auf der Terrasse mit Biergarten nochmal 45 Plätze. In der Saison habe ich durchgehend von 9:00–18:00 Uhr geöffnet, und mit Voranmeldung bereite ich täglich Frühstück. Dabei achte ich immer darauf, Produkte aus der Region anzubieten, und serviere dazu viel frisches Obst. Man kann stolz sagen, mein Frühstück ist wirklich sehr anspruchsvoll. Im Winterhalbjahr öffne ich freitags, samstags und sonntags sowie an allen Feiertagen. Mittags biete ich auch kleine Snacks und herzhafte Tartes sowie ein Süppchen an. Man kann bei mir auch Festlichkeiten mit bis zu 30–40 Personen feiern, Empfänge für Schiffstaufen, Geburtstage, Konfirmationen, Betriebsfeste usw., auch mit Buffets.

Mein ganzes Herzblut habe ich in dieses Café gesteckt mit meinen antiken Möbeln und meinem

friesischen Geschirr. Mein Café hat eine fantastische Lage mitten in der Stadt, Hauptstraße 13. Rechts geht es zur Schlei, ein Katzensprung, links zum Fischereihafen durch die engen Gassen mit ihren malerischen Fischerhäuschen."

Maasholm ist einfach ein wunderbares Ausflugsziel! Hier kann man die Seele baumeln lassen – an Land und auf dem Wasser – und Hanne Frahm ist für mich *die* Tortenkünstlerin.

*Sonnenuntergang in Maasholm – ein Naturereignis.*

# Rhabarbertorte mit Karamellsahne

### KARAMELLSAHNE:

80 g brauner Zucker
500 ml Schlagsahne

Zucker in einem Topf karamellisieren lassen und mit der Sahne ablöschen. Einmal aufkochen bis sich der Zucker gelöst hat. Sechs Stunden kalt stellen.

### MANDELKRUSTE:

50 g Butter
2 EL Milch
50 g geh. Mandeln

Butter in einem Topf zerlassen, mit Milch und Zucker aufkochen und die Mandeln unterrühren.

### BODEN:

250 ml Schlagsahne
100 g Zucker
1 Pck. Vanillezucker
5 Eier (M)
250 g Mehl
1 Pck. Backpulver

Sahne fast steif schlagen, Zucker und Vanillezucker hinzugeben und vollständig steif schlagen. Eier einzeln unterrühren. Mehl und Backpulver vermischen, darübersieben und unterheben. Teig in eine mit Backpapier ausgelegte 26-cm-Springform füllen und im vorgeheizten Backofen auf mittlerer Schiene bei 180 °C 15 Minuten backen. Boden aus dem Ofen nehmen, Mandelkruste darauf verteilen und weitere 15 Minuten backen. Danach auf eine Tortenplatte setzen und noch warm einmal waagerecht durchschneiden. Den unteren Boden mit einem Tortenring umlegen. Den oberen Boden für den Fächer in 10 Stücke teilen. Erkaltet lässt sich die Kruste nicht so gut schneiden.

### FÜLLUNG:

600 g Rhabarber
250 ml Rhabarbertrunk oder Apfelsaft
80 g Zucker
2 gehäufte EL Vanille-Puddingpulver

Rhabarber waschen, putzen, in Stücke schneiden und mit dem Rhabarbertrunk kochen bis er weich ist. Zucker hinzugeben und rühren, bis er aufgelöst ist. Mit Puddingpulver andicken und abkühlen lassen. Die noch warme Rhabarbermasse auf dem unteren Boden verteilen und eine Stunde kalt stellen. Karamellsahne steif schlagen und auf dem Kompott verteilen. Mandelkrustenstücke dekorativ auf die Sahne setzen.

# Cupcakes mal anders

## CA. 10–12 STÜCK

### TEIG:
4 Eigelb
100 g Zucker
1 Pck. Vanillezucker
125 g Margarine
3 EL Milch
200 g Mehl
2 Pck. Backpulver
4 Eiweiß
200 g Zucker

Eigelb, Zucker, Vanillezuckcr, Margarinc und Milch gut verrühren. Mehl und Backpulver vermischen, darübersieben und unterrühren. Zehn kleine Tortenringe auf ein gefettetes Backblech stellen und jeden Ring mit einem gehäuften Esslöffel Teig füllen. Eiweiß mit 200 g Zucker steif schlagen und jeweils einen Esslöffel Eischnee auf dem Teig verteilen. Darauf achten, dass alle Törtchen gleichmäßig aussehen. Im vorgeheizten Backofen bei 180 °C 15 Minuten backen.

### FÜLLUNG:
300 g rote Johannisbeeren
100 g Zucker
100 ml Rotwein
100 ml Johannisbeersaft
3 EL Kartoffelstärke
etwas Wasser

Johannisbeeren waschen, abzupfen und trockentupfen. Zucker karamellisieren und mit Rotwein und Saft ablöschen. Rühren bis sich der Zucker aufgelöst hat. Stärke mit etwas Wasser anrühren und die Rotwein-Saft-Mischung zügig damit andicken. Johannisbeeren unterheben. Anschließend auf den abgekühlten Törtchen verteilen.

### LIMETTEN-VANILLE-SAHNE:
100 g Zucker
Mark 1 Vanilleschote
100 ml Schlagsahne
Saft von 2 Limetten

Zucker, Vanillemark und Sahne vermischen, langsam erhitzen und kurz aufkochen. Limettensaft langsam untermischen. Anschließend durch ein Sieb gießen und im Kühlschrank 6 Stunden kalt stellen. Danach steif schlagen.

### MANDEL-BAISER:
4 Eiweiß
200 g Zucker
150 g gem. Mandeln

Eiweiß mit Zucker steif schlagen und die Mandeln vorsichtig unterheben. Anschließend in einen Spritzbeutel mit großer Lochtülle füllen. Backblech mit Backpapier auslegen und walnussgroße Tupfen darauf spritzen. Im vorgeheizten Backofen bei 200 °C 20 Minuten backen.
Limettensahne in einen Spritzbeutel füllen und kleine Hauben auf die Törtchen spritzen. Die abgekühlten Mandelbaisers darauf setzen.

# Mohnstrudel

### TEIG:

100 g Margarine
125 ml Sonnenblumen- oder Rapsöl
1 Pck. Vanillezucker
100 g Zucker
4 EL Milch
400 g Mehl
1 Pck. Backpulver
175 g Quark

Margarine und Öl verquirlen. Vanillezucker und Zucker hinzugeben und verrühren. Milch unterrühren. Mehl und Backpulver vermischen, darübersieben und unterrühren. Den Quark mit dem Knethaken vorsichtig einkneten. Man kann die Masse auch mit den Händen zu einem glatten Teig verkneten. Anschließend eine Stunde kalt stellen.

### FÜLLUNG:

400 g Mohnmasse
3 EL saure Sahne

Mandelblättchen für die Garnitur

Teig zu einem Rechteck (ca. 25x40 cm) auf einer bemehlten Arbeitsfläche ausrollen.
Mohn und saure Sahne verrühren und auf dem Teig verteilen. Strudelteig an den kurzen und langen Seiten messerbreit umklappen. Danach von der Länge aus einrollen, auf ein mit Backpapier ausgelegtes Backblech setzen und mit Mandelblättchen bestreuen. Im vorgeheizten Backofen bei 180 °C ca. 35 Minuten backen. Der Strudel sollte eine goldgelbe Farbe haben wenn er fertig gebacken ist.

### TIPP:

Teig auf einer mit Mehl bestäubten Silikonmatte ausrollen und mit Hilfe der Matte einrollen. Klappt wunderbar!

*Hochzeits-Torte aus Orangen-Schokoladen-Torte und Erdbeer-Marzipan-Torte.* 151

# Orangen-Schokoladen-Torte

### BISKUIT:
6 Eier, getrennt
5 EL heißes Wasser
170 g Zucker
1 Pck. Vanillezucker
1 Prise Salz
100 g Mehl
100 g Speisestärke
2 TL Backpulver

Orangen- oder Mandarinenlikör zum Beträufeln

Eigelb und Wasser mit einem Mixer schaumig schlagen. 120 g Zucker, Vanillezucker und Salz nach und nach einrieseln lassen. Eiweiß mit 50 g Zucker steif schlagen und unter die Eigelbmasse ziehen. Mehl, Stärke und Backpulver darübersieben und untermischen. Teig in eine mit Backpapier ausgelegte 26-cm-Springform füllen und im vorgeheizten Backofen bei 180 °C 40 Minuten backen. Danach auskühlen lassen, auf eine Tortenplatte setzen und zweimal waagerecht durchschneiden. Den unteren Boden mit einem Tortenring umlegen.

### FÜLLUNG:
850 ml Schlagsahne, geschlagen
4 EL Kakaopulver
4 Pck. Vanillezucker
Orangenlikör

Sahne, Kakao und Vanillezucker mit dem Schneebesen verrühren.
Den unteren Boden mit Likör beträufeln und die erste Schicht Schokosahne darauf verteilen. Mit dem zweiten Boden belegen, Schokosahne darauf verstreichen und mit dem dritten Boden belegen. Tortenring entfernen. Die gesamte Torte mit der restlichen Schokosahne einstreichen.

### BELAG:
1 Blatt Gelatine
5 Orangen
10 cl Orangenlikör

Gelatine in kaltem Wasser einweichen. 3 Orangen schälen und in 12 Scheiben schneiden. 2 Orangen auspressen und den Saft durch ein Sieb gießen. Saft und Likör erhitzen und die ausgedrückte Gelatine darin vorsichtig auflösen. Es darf sich kein Schaum bilden. Torte mit den Orangenscheiben belegen und die noch warme Flüssigkeit darauf verteilen. Nach Geschmack mit essbaren Blüten aus Fondant und Zuckerperlen dekorieren.

# Erdbeer-Marzipan-Torte

## BISKUIT:
6 Eigelb
200 g Zucker
1 Pck. Vanillezucker
5 EL heißes Wasser
100 g gem. Haselnüsse
50 g gehackte Haselnüsse
100 g Mehl
1 Pck. Backpulver
1 Prise Zimt
1 Prise Salz
6 Eiweiß, steif geschlagen

Eigelb, Zucker, Vanillezucker und Wasser mit dem Mixer cremig rühren. Haselnüsse, Mehl, Backpulver, Zimt und Salz vermischen und unter die Eigelb-Zuckermasse rühren. Eischnee vorsichtig unter die Masse heben. Teig in eine mit Backpapier ausgelegte 26-cm-Springform füllen und im vorgeheizten Backofen bei 180 °C 20 Minuten backen. Danach auskühlen lassen. Boden auf eine Tortenplatte setzen und zweimal waagerecht durchschneiden. Den unteren Boden mit einem Tortenring umlegen.

## FÜLLUNG:
500 g Erdbeeren
300 ml Milch
1 Pck. Vanille-Puddingpulver
400 ml Schlagsahne, geschlagen
400 g Marzipanrohmasse
Puderzucker

Erdbeeren putzen, waschen und vierteln. Milch erhitzen, Puddingpulver einrühren bis eine cre-mige Masse entsteht. Danach abkühlen lassen. Die Hälfte der Puddingcreme auf dem unteren Boden verstreichen. Die Hälfte der Erdbeeren darauf verteilen. Mit dem zweiten Boden belegen. Restlichen Pudding und Erdbeeren darauf verteilen und mit dem dritten Boden – als Deckel – belegen. Die ganze Torte mit Sahne einstreichen oder nach Belieben den Rand mit weißem Fondant umlegen. Marzipan auf eine Folie oder Silikonmatte legen, mit etwas Puderzucker bestäuben und auf 35 cm Durchmesser ausrollen. Anschließend vorsichtig über die Torte legen. Darauf achten, dass sie mittig liegt und die Seiten vorsichtig andrücken. Nach Geschmack mit essbaren Blüten aus Fondant und Zuckerperlen dekorieren.

## TIPP:
Für eine Hochzeitstorte backt man die Orangen-Schoko-Torte in einer 24-cm-Springform und die Erdbeer-Marzipan-Torte in einer 28-cm-Springform.

## REZEPT ZUM TITELBILD

*Wie schon für die Bücher* Winterlich Süsses *und* Auf die süße Tour *kreierte meine Tochter Kathrin auch für dieses Buch die Covertorte – eine traumhafte Heidelbeer-Käse-Sahne-Torte mit Zitronenboden. Mit viel Einsatz und Fantasie hat sie wieder etwas ganz Besonderes erfunden. Dafür danke ich ihr von ganzem Herzen.*

# Heidelbeer-Käse-Sahne-Torte

## MIT ZITRONENBODEN

### BODEN:
2 Eier
120 g Zucker
120 g Mehl
1 gestr. TL Vanillezucker
1 gestr. TL Backpulver
Abrieb von 1 Zitrone, unbehandelt
Saft von einer ½ Zitrone
120 g Butter, zimmerwarm

Eier mit dem Zucker schaumig schlagen. Nach und nach Mehl, Vanillezucker, Backpulver, Zitronenabrieb, Zitronensaft und Butter dazugeben und gut verrühren. Teig in eine mit Backpapier ausgelegte 26-cm-Springform füllen und im vorgeheizten Backofen bei 180 °C 15–20 Minuten auf der mittleren Schiene backen. Aufpassen, die Oberfläche sollte nicht bräunen. Anschließend auskühlen lassen, auf eine Tortenplatte setzen und mit einem Tortenring umlegen. Tortenring innen mit Sonnenblumenöl auswischen, damit die Creme nicht anklebt.

### CREME:
8 Blatt Gelatine
1 Glas Waldheidelbeeren
(mind. 340 g Füllmenge)
500 g Magerquark
150 g Zucker
Saft von 1 Zitrone
400 ml Schlagsahne
frische Heidelbeeren (Menge nach Belieben)

Gelatine in kaltem Wasser einweichen. Heidelbeeren abtropfen lassen, dabei den Saft auffangen und pürieren.

Quark, Zucker, Zitronensaft verrühren und die Heidelbeeren dazugeben. Sahne steif schlagen und davon etwas für das Einstreichen des Randes beiseite stellen. Gelatine ausdrücken, in einem kleinen Topf mit 5 EL Heidelbeersaft auflösen und etwas Quarkmasse unterrühren. Gelatinemasse anschließend unter die Quarkcreme rühren und die restliche Sahne unterziehen. Creme auf dem Boden verstreichen und einige Stunden kalt stellen. Danach den Rand dünn mit Sahne einstreichen (damit die Deko hält) und nach Belieben mit Schokoladen-Curls (Azur), Schokoladenspäne oder gerösteten Mandeln absetzen. Die Oberfläche üppig mit frischen Heidelbeeren belegen.

Für den Fall, dass man wie auf dem Foto unterschiedliche Farbschichten möchte, die Creme ohne Heidelbeeren herstellen, zügig in 3 Portionen teilen und mit den pürierten Heidelbeeren und eventuell zusätzlich etwas Heidelbeersaft oder farbigem Sirup (z.B. Johannisbeer- oder Fliederbeersaft) nach Belieben einfärben und vorsichtig mit einem Spatel auf dem Boden schichten. Anschließend kalt stellen.

## CAFÉ LINDAUHOF – LANDARZTHAUS

Sonja Karberg
Lindauhof 4
24392 Boren (OT Lindau)
Tel.: 04641-3710
E-Mail: info@cafelindauhof.de
www.cafelindauhof.de
Öffnungszeiten:
März–Okt. Mo.–Fr.11:00–19:00 Uhr
Sa., So. & Feiertage 9:00–19:00 Uhr
Nov.–Febr. Sa., So. & Feiertage
9:00–19:00 Uhr
Januar geschlossen
Freuen Sie sich auf verschiedene Früh-stücksvariationen und leckere Snacks.
Die hausgemachten Kuchen und
Torten – aus Zutaten von regionalen
Erzeugern – werden nach traditionel-len Rezepten hergestellt, die feinfühlig
eine neue Interpretation erfahren.
Im Landarzthaus können Sie auch Ihr
persönliches Fest feiern und sich sogar
in unserem romantischen Ambiente
trauen lassen.

## CAFÉ SCHAUGARTEN AM KANAL

Doris Burghardt
Schaugarten mit Café –
1.Mai bis 3. Oktober
Ferienwohnung – ganzjährig
Kochkurse – ganzjährig
Hauptstraße 21 a
24214 Neuwittenbek
Tel.: 0160-99840573
Email: info@kanalgarten.de
www.Kanalgarten.de
Öffnungszeiten des Schaugartens und
des Cafés: 1. Mai–3. Oktober , jeden
Sonntag und alle Feiertage von
14–18 Uhr und nach Vereinbarung
Bitte keine Hunde.
Eine ländliche Idylle direkt am Kanal,
mit einzigartigem Blick auf vorbeifah-rende Schiffe aus aller Welt. Buntes
Gemüse, schöne Staudenbeete und
Teiche mit Froschkonzert. Im 5000 m²
großen Garten gibt es ganz viel zu
entdecken. Sind Sie müde vom Sehen
und Staunen, nehmen Sie Platz in
einer der gemütlichen Sitzecken. Es
gibt ca. 80 Sitzplätze im Garten, Sie
finden bestimmt Ihren Lieblingsplatz.
Genießen Sie die Harmonie und
Ruhe, lassen Sie sich inspirieren.
Stärkung gibt es im Café direkt im
Grünen. Am Kuchentresen können
Sie aus einem reichhaltigen Angebot
auswählen. Alles ist hausgemacht, aus
frischen Zutaten. Wir haben Torten

und Kuchen und herzhafte Kleinig-keiten, wie die legendären Kanal-Vi-tal-Schnitten, Kaffee, Tee und
natürlich frischen Gartenkräutertee.
Die Ferienwohnung befindet sich im
historischen Kanalhaus. Das lichte,
freundliche Haus liegt in absoluter Al-leinlage 15 km vom Hauptbahnhof
Kiel entfernt. Ein Anwesen aus dem
Jahr 1895. Erleben Sie einen ganz
besonderen Ort. Satte Wiesen, die
schleswig-holsteinischen Knicks und
natürlich der Kanal direkt vor der
Haustür. Die 120 m² große, komplett
sanierte Wohnung verfügt über
separate Eingänge und ist eine für sich
abgeschlossene Einheit (eine komplet-te Haushälfte). Sie bietet Fünf-Sterne-Standard.
Ich bringe Sie zum Kochen!
Kochen Sie mit, kreative und neue
Rezepte liegen bereit. Kommen Sie zu
meinen Koch- und Backkursen in
entspannter und persönlicher
Atmosphäre.
Meine große Landhausküche bildet
den idealen Rahmen für einen
wundervollen Kurs.
Wir freuen uns auf Ihren Besuch.

## CAFÉ VIKTORIA LUISE

Marina Schuldt
Eiderstr. 68
24768 Rendsburg
Tel.: 04331-4380682
info@kristall-und-dahlia.de
www.cafe-viktoria-luise.de
Öffnungszeiten:
Mi.– So. 9:00–18:00 Uhr
Frühstücks- und Kaffeespezialitäten
mit hauseigener Patisserie.
Spezialität des Hauses: Verarbeitung
von Bio- und „Feinheimisch"
regionalen Produkten Schleswig-Holsteins.
Wir verzichten vollständig auf
künstliche Aromastoffe, Farbstoffe
und Geschmacksverstärker.
Verkauf von Sammlerstücken
deutscher Porzellanmanufakturen aus
der Zeit 1900–1950
Reservierungen möglich, Termine für
Gesellschaften und Gruppen nach
Absprache, Empfänge nach standes-amtlicher Trauung.
Torten auf Wunsch für besondere
Anlässe, Hochzeiten, Geburtstagstor-ten, Torten zur Taufe und zur
Einschulung.
Exclusive Ferienwohnung.
Barrierefreies Café.

## CAFÉ DAS KUCHENHAUS

Inh. Kerstin Tschekan & Jörg
Wiltfang
Missunder Fährstraße 24
24896 Brodersby
Tel.: 04622-9569090
www.das-kuchenhaus.de
E-Mail: mail@das-kuchenhaus.de
Die Öffnungszeiten sind saisonbe-dingt unterschiedlich. Sie können
diese auf unserer Homepage einsehen
oder einfach anrufen.
Wir bieten Ihnen ein wechselndes
Angebot an Torten und Kuchen, die
täglich frisch in unserer Backstube
gebacken werden. Genießen Sie diese
Köstlichkeiten zusammen mit unseren
Kaffeespezialitäten oder einem
einfachen Kännchen Filterkaffee. Die
Teetrinker unter Ihnen haben die
Wahl zwischen vielen leckeren
Teesorten.
Sie können je nach Witterung
entscheiden, ob Sie in unserem im
dänischen Stil eingerichteten Café
Platz nehmen oder auf unserer
Terrasse verweilen wollen.
Für Gäste, die lieber etwas Herzhaftes
möchten, haben wir verschiedene
Snacks im Angebot. Bei der Auswahl
unserer Zutaten legen wir Wert auf
saisonal angepasste und hochwertige
Produkte aus der Region.
Gerne richten wir Ihre Festlichkeiten
in unseren Räumen für Sie aus.
Wenden Sie sich für eine individuelle
Planung an uns.
In der 1. Etage unseres Hauses stehen
Ihnen drei helle, im dänischen Stil
eingerichtete Ferienwohnungen zur
Verfügung. Die komfortablen
Wohnungen haben gemütliche
Wohnräume mit Essbereich und
integrierten modernen Pantry-Kü-chen. Die geräumigen Schlafzimmer
und modernen Bäder machen es leicht
zu entspannen und sich wohl zu
fühlen.

## CAFÉ KÜSTE

Antje Eichler
Zingelstr. 31
25704 Meldorf
Tel.: 04832-9798444
Öffnungszeiten:
ganzjährig Di.–So. 8:30–18:00 Uhr.
Montag Ruhetag
32 Innenplätze, 25 Außenplätze
Reservierung nach Absprache
Vielfältiges, ständig wechselndes
Angebot an selbstgebackenen Kuchen

und Torten. Herzhafte Kleinigkeiten wie versch. Toasts, Süppchen, Schinken- und Käsebrot. Täglich verschiedene Frühstücksvariationen mit und ohne Reservierung.
Kuchen außer Haus.
Ganze Torten nach Wahl auf Bestellung.

## CAFÉ ANNA UND MEEHR

Anna und Christian Schulke-Klenk
Am Hafen 9
24977 Langballigau/direkt am Meer, mit Blick auf Dänemark
Tel.: 04636-9799824
mobil: 015156009631
www.anna-und-meehr.de
Öffnungszeiten:
Hauptsaison: Ostern bis einschl. Oktober
täglich von 12:00–22:00 Uhr, für Brunch-Vorbestellungen selbstverständlich früher.
Montag Ruhetag
Nebensaison: Oktober bis Ostern an den Wochenenden (Sa. u. So.) sowie nach Anfrage gerne auch für Gesellschaften.
Beispielsweise: Grünkohlessen, Brunch, Weihnachtsfeiern, Fingerfoodabende …
Wir bieten an: In der Saison mittags und abends warme Küche mit frischem Fisch vom eigenen Fischer sowie eine überschaubare Speisekarte mit wechselnden frisch gekochten Gerichten.
Catering, für vielerlei Anlässe z. B. Hochzeiten, Betriebsfeste oder andere feierliche Anlässe.
Brunch, ganz individuell ausgerichtet, immer und jederzeit auf Vorbestellung.

## CAFÉ FRIDA

Elke Lorenzen und Fabian Lorenzen jr.
Markt 13
25821 Bredstedt
Tel.: 04671-7189959
E-Mail: info@fridas-nordseehotel.de
www.fridas-nordseehotel.de
www.facebook.com/cafefrida
Familiengeführtes Hotel Garni mit neun individuell gestalteten und mit Liebe eingerichteten Doppelzimmern/Suiten mit Bad u. WC, Flachbildfernseher und freiem WLAN, teilweise mit Loggia.
Öffnungszeiten ganzjährig:
Di.–So. 9:00–12:00 Uhr
und 14:00–18:00 Uhr

Die historische Kachelstube mit handbemalten holländischen Fliesen aus vergangener Zeit und antiken Möbeln lädt ein zum gemütlichen Frühstück á la Carte. An Sonn- und Feiertagen vielfältiges Frühstückbuffet. Am Nachmittag servieren wir Ihnen unsere hausgemachten Kuchen und Torten.
In den Frühjahrs- und Herbstmonaten veranstalten wir monatliche Musikabende, die auch auf unserer Homepage oder bei Facebook bekannt gegeben werden.
Die Kachelstube verfügt über 35 Sitzplätze.
Für Veranstaltungen bis zu 20 Personen bieten wir Fridas Salon an. Bei Sonnenschein stehen Ihnen in unserem ruhigen Hofgarten 30 Außenplätze zur Verfügung.

## SCHO'CAFÉ

Sonja Pimentel
Mühlenstrasse 44
22880 Wedel
Tel.: 04103-7033532
www.scho-cafe.com
Öffnungszeiten:
ganzjährig Di.–Sa. 9:30–18:00 Uhr
24. Dez. bis Anfang Jan. geschlossen.
Gesellschaften nach Vereinbarung.
Frühstück 9:30–13:00 Uhr
Hausgebackene Kuchen und Tartes.
Kleine Mittagsgerichte (täglich wechselnd), verschiedene Snacks sowie im Steinofen gebackene Pizzen nach Wahl.
Catering italienischer Art nach persönlicher Absprache.
Exklusive Wohnaccessoires, Geschenkartikel sowie Damenoberbekleidung.
Im Sommer genießen Sie unseren idyllischen Garten-Innenhof.
In der Nähe: Ernst Barlach-Museum, Schiffsbegrüßungsanlage Willkomm-Höft, Hamburger Yachthafen.

## CAFÉ ZOLLHAUS

Täglich frisch gebackene Kuchen und Torten
Maren Dose
Norddeich 3
25924 Rodenäs
Tel.: 04668-9588980
www.cafe-zollhaus.eu
info@cafe-zollhaus.eu
Öffnungszeiten:
Nov.–März: Fr.–So. 14:00–18:00 Uhr
Apr., Mai, Sept., Okt.: Do.–So. 14:00–18:00 Uhr

Juni, Juli, Aug.: Mi.–So. 14:00–18:00 Uhr
Für Gruppen und Gesellschaften Termine nach Absprache wie z.B. Frühstücksbuffet und Kaffeetafeln ab 10 Personen.
40 Innenplätze, 30 Plätze auf der großen Südterrasse.
In den Wintermonaten gibt es feste Termine für Fondueabende (Fisch und Fleisch).
Torten und Kuchen auf Bestellung auch außer Haus.

## CAFÉ EHRGARTEN

Wohn- und Gartenaccessoires
Events und Café
Eike Höppner-Rohder
Immrader Weg 2
23821 Quaal
Tel.: 04559-550
E-Mail: info@ehrgarten.de
www.ehrgarten.de
Öffnungszeiten Café u. Laden:
Febr:. Sa. u. So. 14:00–18:00 Uhr
März: Fr.–So. 14:00–18:00 Uhr
ab April–Weihnachten:
Mi.–So. 14:00–18:00 Uhr
Jeden 1. Sonntag im Monat Frühstück von 10:00–13:00 Uhr, Termine nach Absprache.
Gartenführungen nur für Gruppen nach tel. Absprache.
Oster- u. Adventsausstellung.
Auf einer Fläche von 140 m² haben Sie die Möglichkeit, mit bis zu 70 Personen Ihren Event individuell zu feiern.
Ausstattung und Service übernimmt das Ehrgarten-Team.

## CAFÉ SAND AM MEER

Hannelore Frahm
Hauptstr. 13
24404 Maasholm
Tel.: 04642-969963
E-Mail: hannelore.frahm@freenet.de
www.cafe-sand-am-meer.de
Öffnungszeiten: Sommersaison täglich von 9:00–18:00 Uhr
mit Frühstück von 9:00–12:00 Uhr
Außerhalb der Sommersaison:
Fr. u. Sa. 12:00–18:00 Uhr
So. 9:00–18:00 Uhr mit Frühstück
Gruppen und Gesellschaften bis 40 Personen nach Vereinbarung
45 Innenplätze, 45 Plätze Sonnenterrasse/Biergarten, Kinderspielecke.

WEITERE REZEPTE UND
AUSFÜHRLICHE BESCHREIBUNGEN
DER CAFÉS FINDEN SIE
IN DER BUCH-REIHE …

Band 1
ISBN 978-3-8042-1237-4

Band 2
ISBN 978-3-8042-1271-8

Band 3
ISBN 978-3-8042-1328-9

Band 4
ISBN 978-3-8042-1353-1

Band 5
ISBN 978-3-8042-1379-1

Band 6
ISBN 978-3-8042-1392-0

… Fortsetzung folgt

… UND IN DEN THEMEN-BÜCHERN

ISBN 978-3-8042-1388-3

ISBN 978-3-8042-1400-2

## DIE AUTORIN

Marion Kiesewetter, Schauspielerin und TV-Moderatorin, in Hamburg geboren, wurde als Köchin durch die TV-Sendungen *Bi uns to Hus*, N 3, *Sonntagskonzert* und Johannes B. Kerners Kochsendung im ZDF bekannt. Ihre ebenfalls im Boyens Buchverlag erschienenen Kochbücher *Fürstliche Menüs – Schleswig-Holstein*, *Fürstliche Menüs – Niedersachsen*, *Fürstliche Menüs – Mecklenburg-Vorpommern*, *Obst aus norddeutschen Gärten*, *Salatexpress*, *Aufgefischt I + II*, *Das isst der Norden*, *Auf Krabbenfang* und *Kohl!* entstammen der norddeutschen Region mit ihren erstklassigen kulinarischen Angeboten.

Besonders beliebt sind die Café-Bücher der Autorin. Bereits erschienen: *Eine Sünde wert …* (1), *Kann denn Süßes Sünde sein?* (2), *Nur Süßes im Sinn* (3), *Süße Augenblicke* (4), *Süßes für die Seele* (5), *Auf die süße Tour* (6), *Winterlich Süßes* und *Lust auf Frühstück*.

## DIE FOTOGRAFEN

Ursula Sonnenberg und ihr Mann Hans Dieter Kellner durchliefen beide eine Ausbildung zu Fotografen, sie mit einer Lehre, er auf der bekannten Münchner Akademie für Fotografie. Seit Jahrzehnten arbeiten sie im gemeinsamen Hamburger Studio an getrennten Aufgaben – sie mit food für Werbung und Verlage, er kreativ und technisch für die Industrie.
In Zusammenarbeit mit Marion Kiesewetter fotografierten sie bisher für den Boyens Buchverlag *Aufgefischt I + II*, *Das isst der Norden*, *Kohl!*, die komplette Cafébuch-Reihe 1 bis 6 sowie *Winterlich Süßes* und *Lust auf Frühstück*.

# REGISTER